Bumerangwerfen

Bumerangwerfen spielend lernen

Ulli Wegner

Edition Aragon

Edition Aragon
Neumarkt 7-9
47441 Moers

Lektorat: Willi Klauke
Satz: S&ES, Vettelschoß
Belichtung: Fotosatz Klaußner, Köln
Druck: ten brink, meppel
ISBN: 3-89535-425-2

Inhaltsverzeichnis

Vorwort

Dies ist der wunderbare Bumerangwurf,
der vor allen anderen Würfen den Schauenden
in Staunen und Verwunderung versetzt.
*(Gerlach, 1886)**

* aus : GERLACH. E. : Ableitung gewisser Bewegungsformen geworfener Scheiben aus den Luftwiderstandsgesetzen.
In: Zeitschrift des Deutschen Vereins für Förderung der Luftschiffahrt. Heft 3, 1886.

Eigentlich müßte ich diesen über 100 Jahre alten Zeilen nichts mehr hinzufügen. Die Faszination, die fliegende Bumerangs ausstrahlen, liegt sicher vor allem in der Unbegreiflichkeit des Rückkehrfluges begründet. Nichts, was wir sonst im Alltag oder auch im Sport wegwerfen, kommt von selbst zurück, ohne daß es uns einsichtig wäre. Der Ball, der von der Hauswand abprallt; die Konfettischnipsel, die uns kurz nach dem Hochwerfen auf den Kopf fallen; die Frisbeescheibe, die vom Wind zurückgetragen wird – das alles ist uns selbstverständlich. Aber ein Stück Holz, das – bei Windstille geworfen – auf einer über 200 Meter langen Flugbahn weit über 50 m von uns wegfliegt, um anschließend fast zentimetergenau zum Ausgangspunkt zurückzukehren – muß etwas Magisches mit sich führen.

Dieses Buch soll dir etwas von der Faszination, die der Rückkehrbumerang seit Jahren auf mich ausübt, vermitteln.

Viel Spaß beim Lesen und beim Werfen!

Über 20 000 Jahre Bumeranggeschichte im Zeitraffer

Bei dem Begriff Bumerang werden viele Leser vermutlich an „Australien", „Aborigines", „Känguruhs jagen" und Ähnliches denken. Doch was ist wirklich dran an diesem „Allgemeinwissen"?

Selbst neue Lexika geben vielfach Falsches über Bumerangs wieder. Der Österreicher Lenoch hat in einer umfassenden Doktorarbeit 1949 das Ergebnis seiner weltweiten Forschungen zum Thema Bumerang zusammengestellt. Er fand dabei heraus, daß Bumerangs bereits vor Zehntausenden von Jahren auf mehreren Kontinenten bekannt waren. Die Erfinder der damals vor allem als Jagdwaffen, aber auch als Rhythmusinstrumente, Kultgegenstände usw. gebräuchlichen Bumerangs lassen sich heute nicht mehr nachweisen. Es kann sogar angenommen werden, daß Bumerangs auf unterschiedlichen Kontinenten unabhängig voneinander entwickelt worden sind. Eines hatten sie jedoch alle gemeinsam: Sie kamen bei der Verwendung als Jagdgeräte nach dem Verfehlen des Ziels nicht zum Werfer zurück, d.h. sie waren allesamt „Nichtrückkehrer". Jagdbumerangs beschreiben bei perfekter Wurftechnik eine gradlinige Flugbahn.

Sollten einige Leser von dieser Tatsache überrascht sein, so müssen sie sich folgendes vor Augen halten: Egal, ob wir mit dem Gewehr oder einem Ball ein Ziel anvisieren, ist es bereits recht schwer, mit einer nahezu gradlinigen Flugbahn einen Treffer zu erzielen. Ein Tier mit einem Wurfgerät zu erlegen, das sich auf einer kreisähnlichen Flugbahn fortbewegt, dürfte nahezu unmöglich sein. In der Praxis würde das heißen, daß der Jäger seinen Bumerang nicht auf das Ziel zu, sondern in eine völlig andere Richtung abwerfen müßte, damit die mögliche Beute überhaupt getroffen werden könnte.

Australien wird heute häufig als das Land des Bumerangs gepriesen. Die Gründe dafür liegen darin, daß die Verbreitung des Bumerangs dort besonders ausgeprägt war. Zudem ist der Bumerang in einigen abgelegenen Regionen Australiens auch heute noch im Gebrauch – und sei es nur als touristische Attraktion.

Von den Jagdbumerangs sind die Spiel- und Sportbumerangs zu unterscheiden, die bei entsprechender Wurftechnik zum Ausgangspunkt zurückkehren. Diese Rückkehrer waren ebenfalls schon früh auf mehreren Kontinenten verbreitet. So sind die Kreuzbumerangs, die aus einem in der Länge gespaltenen Stück Bambusrohr bestehen (beide Hälften werden zu einem Kreuz zusammengebunden, die abgerundeten Seiten zeigen in dieselbe Richtung), ein beliebtes Spielzeug bei den Ureinwohnern der indonesischen Inselwelt gewesen.

Stichhaltige Beweise für die Entstehungsgeschichte der Jagd- und Sportbumerangs gibt es nicht. Dies hängt unter anderem damit zusammen, daß die aus Naturmaterialien bestehenden Wurfhölzer so lange Zeitepochen nur selten unbeschadet überstehen konnten. „Neuere" – bestens erhaltene Bumerangs – können z.B. im ägyptischen Museum in Berlin betrachtet werden. Dort sind einige Rückkehrer aus der Grabstätte Tut-ench-Amuns ausgestellt (ca. 1340 v.Chr.).

Wir nehmen heute an, daß der Rückkehrbumerang eher zufällig als Ergebnis schlecht fliegender Jagdwaffen entstanden ist.

Erst in diesem Jahrhundert – in Deutschland etwa seit Mitte der 70er Jahre – wurde der Rückkehrbumerang als faszinierendes Spielgerät wiederentdeckt und kurze Zeit später auch zunehmend als Sportgerät verwendet. In vielen Ländern entstanden Bumerangsportclubs, deren Werfer immer neue Bumerangs kreierten und Regelwerke für Wettkämpfe aufstellten. Materialien der Neuzeit, wie Multiplex-Sperrhölzer, Kunststoffe, Glasfiber, Kohlefaser u.v.m., lösten den aus einem Stück „Naturholz" bestehenden Bumerang ab. Die meisten Bumerangsportler stellen ihre Sportgeräte selbst her; einige Werfer produzieren größere Stückzahlen und bieten die Bumerangs inzwischen in Sport- und anderen Fachgeschäften an.

Was unterscheidet nun die Rückkehrer von den Jagdgeräten? Die Tabelle und die Fotos der folgenden Seiten geben einen Überblick:

Bumerangtyp Kriterium	**Jagdbumerang** (Nichtrückkehrer)	**Traditioneller Spiel- und Sportbumerang** (Rückkehrer)	**Moderner Spiel- und Sportbumerang** (Rückkehrer)
Material	Wurzel-, Stamm-, Astholz	versch. Hölzer, z.T. Bambus	(Birken-) Sperrholz, Kunststoffe
Gewicht	zwischen 100 und 1000 g	unter 150 g	meist 30 - 70 g
max. Länge	bis über 1 Meter	50 bis 90 cm, aus Bambus kleiner	30 bis 60 cm
Form	fast gestreckter Winkel	Winkel zwischen 90 und 145 Grad	Zweiflügler mit Winkel unter 100 Grad, Drei-/Vierflügler
Gestaltung	naturfarben, Schnitzereien	naturfarben, Schnitzereien	eher leuchtende Farbgebung
Flugweite	bis 200 Meter	vermutlich bis ca.50 Meter	meist 20 bis 50 Meter, Spezialbumerangs über 100m
Wurftechnik			
1.Windwinkel	mit dem Wind	gegen den Wind	30 bis 90 Grad nach rechts aus dem Wind (Rechtshänder)
2. Neigungswinkel gegen die Senkrechte	90 Grad (waagerechter Abwurf)	vermutlich 15 bis 70 Grad	ca.-10 bis +60 Grad
Funktion/Zweck	Jagdwaffe (Erlegen von Wild)	Spielgerät (Freude am Rückkehrflug)	Spielgerät (Freude am Rückkehrflug), Sportgerät (leistungsorientierter Wettkampf)

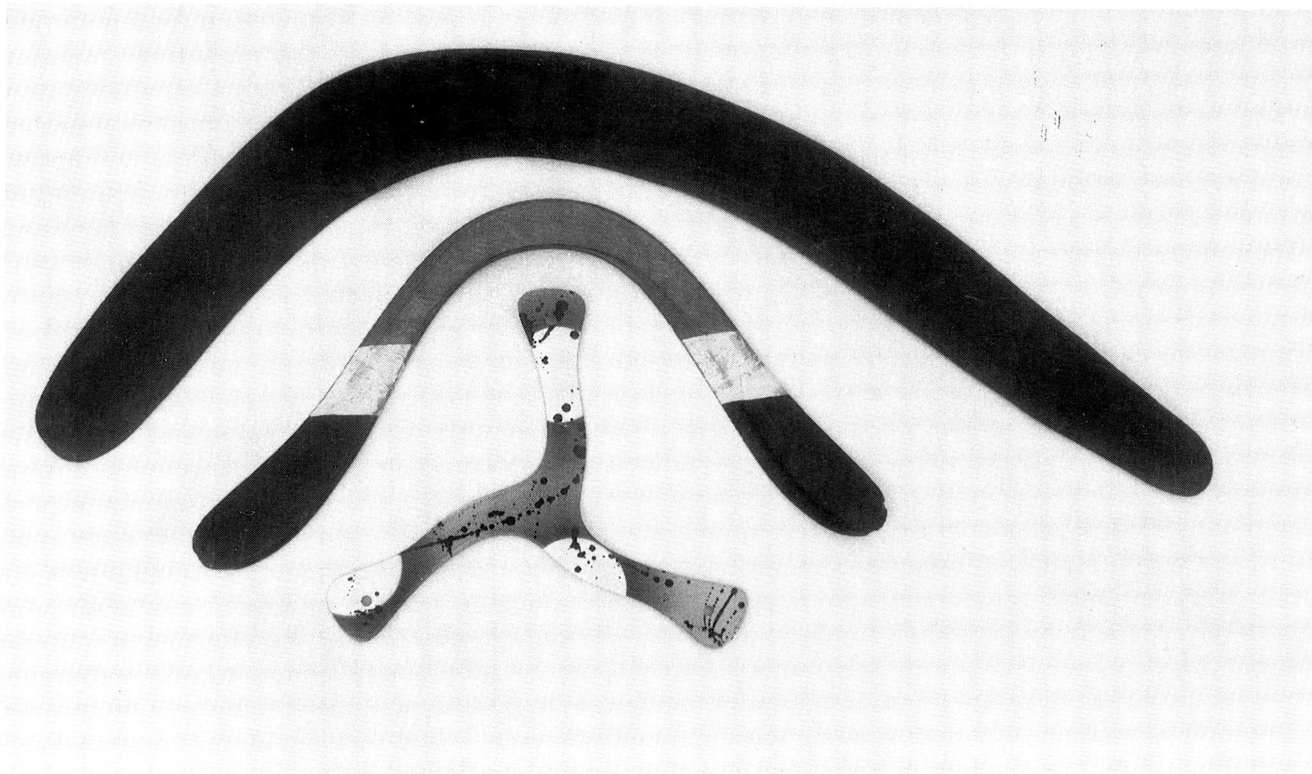

Jagdbumerang, Traditioneller Sportbumerang, Moderner Spiel- und Sportbumerang

Ein genaues Studium der Übersicht macht deutlich, daß vor allem zwischen den Nichtrückkehrern und den Rückkehrbumerangs deutliche Unterschiede bestehen. Dagegen sind die Differenzen innerhalb der Rückkehrer vergleichsweise gering, die Übergänge von den traditionellen Bumerangs zu den Sportgeräten sind fließend. Eine Abgrenzung der Sportbumerangs erfolgt aufgrund der hohen Spezialisierung. Die Bumeranghersteller nutzen die modernen Technologien, indem zusehends Kunststoffe als Baumaterialien verwendet werden. Außerdem zeichnen die Bumerangs je nach Regelwerk oder Wettbewerb sehr charakteristische Flugbahnen an den Himmel. Die Freude am Rückkehrflug tritt hier hinter leistungsorientierte Perspektiven zurück.

Grundkenntnisse rund um den Bumerang

Fachbegriffe

Als erstes möchte ich dich mit meiner Definition von Spiel- und Sportbumerangs konfrontieren.

Spiel- und Sportbumerangs sind überwiegend aus Sperrholz oder Kunststoff gefertigte, mehrarmige rotierende Fluggeräte, die aufgrund ihres besonderen Profils bei richtiger Wurftechnik auf einer kreisförmigen oder ellipsoiden Flugbahn zum Werfer zurückkehren.

Aus der Definition kannst du ersehen, daß Bumerangs zum einen aus verschiedenen Materialien bestehen können, zum anderen in Gestalt und Aussehen ausgesprochen vielfältig sind. Hingegen ist die Formgebung im Detail – nämlich das Profil der Arme – immer gleichartig. Die tragflächenartige Bearbeitung der Bumerangarme sorgt letztlich auch für den Rückkehrflug des Bumerangs. Die Zeichnungen geben dir einen Überblick über die wesentlichen Fachbegriffe.

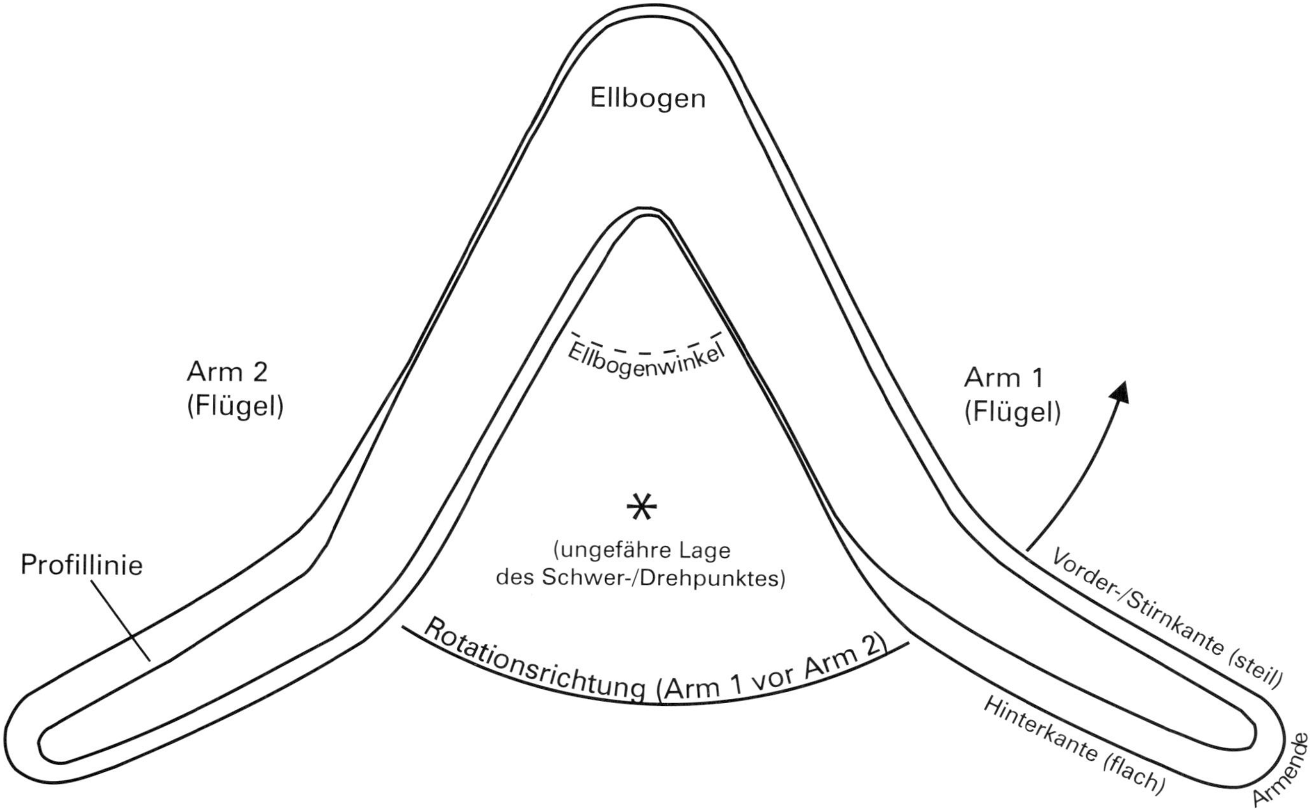
Ellbogen
Ellbogenwinkel
Arm 2
(Flügel)
Arm 1
(Flügel)
Profillinie
(ungefähre Lage
des Schwer-/Drehpunktes)
Rotationsrichtung (Arm 1 vor Arm 2)
Vorder-/Stirnkante (steil)
Hinterkante (flach)
Armende

Fachbegriffe

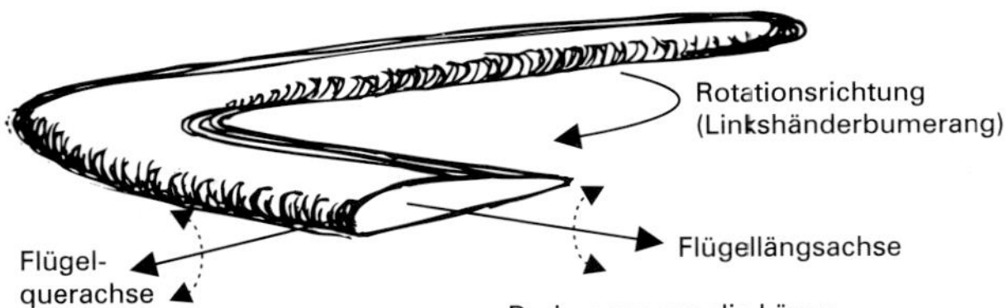

Drehungen um die Querachse bewirken das Hoch- oder Herunterstellen der Flügelenden

Drehungen um die Längsachse bewirken ein Hoch- bzw. Herunterstellen der Stirnkante

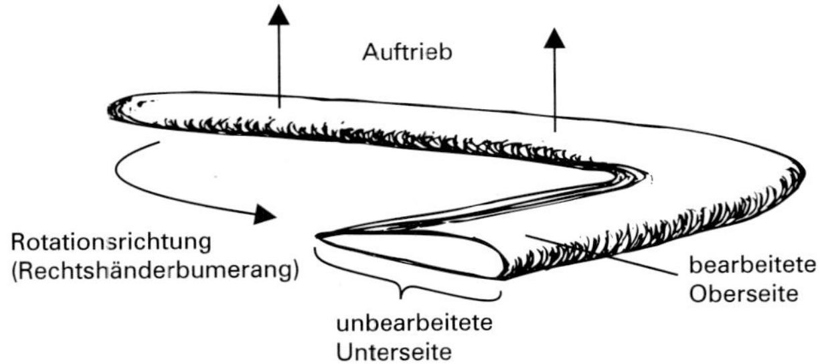

Formenvielfalt

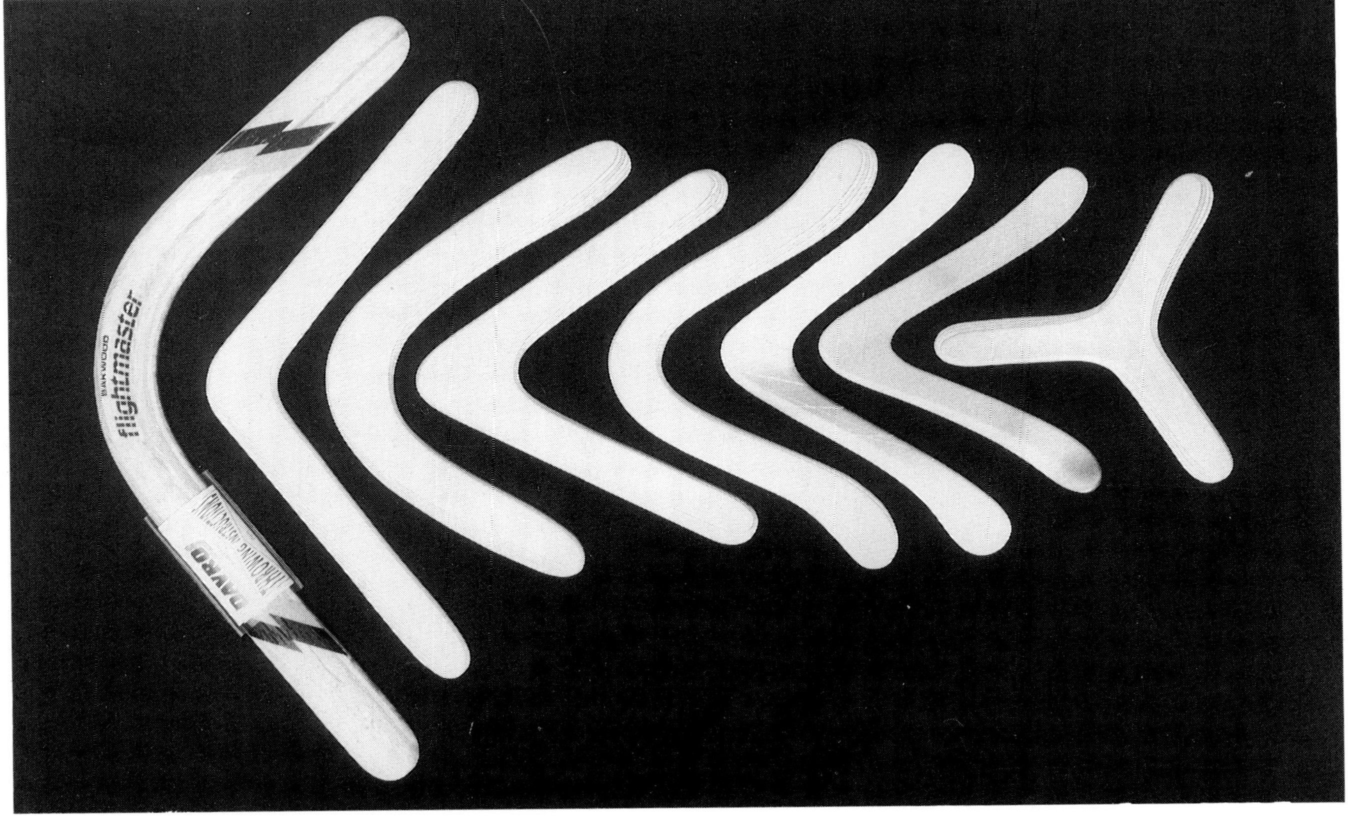

Auswahl aus dem Angebot des Bielefelder Geschäftes „Diabolo"

Bumerangs kaufen

In den letzten Jahren konnte ich immer häufiger Geschäfte entdecken, die Bumerangs in ihrer Angebotspalette haben. Ein breites Sortiment führen häufig Fachgeschäfte, die auf den Verkauf von Lenkdrachen oder Jonglier- und Zirkusbedarf spezialisiert sind. Aber auch in Sportgeschäften bzw. in den Sportabteilungen großer Kaufhäuser und Supermärkte sind vermehrt Bumerangs im Angebot, wenn auch in sehr begrenzter Stückzahl. Fast generell abzuraten ist von den billigen Plastikbumerangs, die ich wiederholt im Spielwarenhandel gesehen habe. Sie sind oft scharfkantig und fliegen zudem schlecht. Für Kinderhände sind sie gar nicht geeignet.

Ich möchte dir im folgenden einige Kriterien erläutern, die dir beim Bumerangkauf weiterhelfen.

Als erstes mußt du überprüfen, ob es sich um einen Rechts- oder Linkshänderbumerang handelt. Wenn der Bumerang nicht entsprechend gekennzeichnet ist, schaust du dir das Flügelprofil vom Flügelende her an (die profilierte Seite zeigt nach oben). Zeigt die steile Stirnkante nach rechts, ist es ein Rechtshänderbumerang, im anderen Fall ist er für Linkshänder gedacht.

Wenn du deinen ersten Bumerang kaufen möchtest und noch keine Wurferfahrung hast, solltest du folgendes wissen: Kleine leichte Bumerangs sind fast ausnahmslos einfacher zu werfen und zu fangen (Orientierungshilfe: der Bumerang paßt nahezu vollständig auf ein DIN A 4 Blatt).

Ergebnisse des Eignungstests einer willkürlichen Bumerangauswahl aus dem reichhaltigen Angebot des Bielefelder Geschäftes 'Diabolo'.

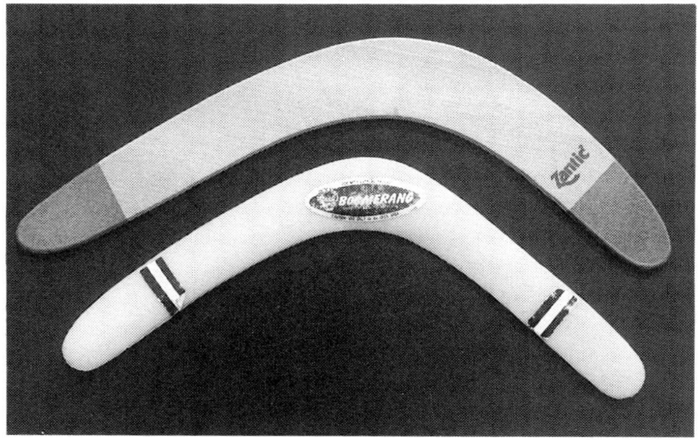

Nicht zurückkehrender Billigholzbumerang, scharfkantiger Plastikbumerang

Name	Material	Gewicht	maximale Spannweite	Form/Kennzeichen	Urteil
flightmaster	ca. 7 mm Holz	180 g	61 cm	laminiert	an die Wand hängen
standard	4 mm Birke	68 g	47 cm		für Fortgeschrittene
stick around	4 mm Birke	59 g	34 cm	Hakenbumerang	für Fortgeschrittene
titanik	4 mm Birker	59 g	29 cm	„V"	für sportl. Anfänger
omega	4 mm Birke	51 g	33 cm		für sportl. Anfänger
standard	5 mm Birke	54 g	32 cm	kompakt	für sportl. Anfänger
standard	3 mm Birke	29 g	25 cm	sehr leicht	für Anfänger/Kinder
3-Flügler	3 mm Birke	29 g	23 cm	sehr leicht	für Anfänger/Kinder
tri-Fly	4 mm Polypropylen	47 g	26 cm	für Links- und Rechtshänder zu benutzen	nur mit guter Anleitung, auch für Anfänger sehr empfehlenswert
aerobie orbiter	3 mm Kunststoff	59 g	29 cm	Dreieck	für Fortgeschrittene Anleitg. mangelhaft

Zu den Bumerangs können Wurfanleitungen gekauft werden; zum Teil sind sie im Kaufpreis enthalten.

Löcher oder Schlitze in den Armen erschweren das Werfen, da die Rotationsgeschwindigkeit vermindert wird. Schließlich kannst du noch überprüfen, ob der Bumerang verzogen ist und deshalb möglicherweise nicht zu dir zurückkehrt. Du legst den Bumerang mit der bearbeiteten Seite nach oben auf eine ebene Fläche, z.B. auf den Ladentisch. Jetzt drückst du von oben auf den Ellbogen des Bumerangs (bei Drei- und Mehrflüglern auf das Zentrum). Die Flügelenden sollten dann wenige mm in der Luft stehen oder plan aufliegen. Du kannst zur Sicherheit noch eine Gegenprobe machen, indem du den Versuch bei umgedrehtem Bumerang wiederholst. Stehen die Flügelenden jetzt in der Luft, würde ich dir vom Kauf abraten. Der Bumerang ist schwer zu werfen oder muß durch Biegekorrekturen flugfähig gemacht werden.

Ob du dich für einen Bumerang aus Holz oder Kunsstoff entscheidest, ist letztlich Geschmacksache. Die Kunststoffbumerangs haben zwei wesentliche Vorteile: Sie sind absolut wetterfest und nahezu unzerbrechlich. Die Stabilität des Materials macht das Verbiegen der Bumerangflügel (s. Kapitel Flugbahnbeeinflussung) risikolos möglich, während ich bei Biegemaßnahmen von Holzbumerangs gelegentlich einen Flügel abbreche.

In dem Zusammenhang kann ich dir den Kauf von tri-Fly-Bumerangs des amerikanischen Bumerangwerfers Eric Darnell empfehlen. Sie sind durch ein ausgeklügeltes Profil sowohl für Links- als auch für Rechtshänder zu benutzen. Sie lassen sich recht einfach durch Biegen der Flügel verstellen und sind deshalb für viele der aufgeführten Wurf- und Fangvarianten einsetzbar. Der Preis eines tri-Fly-Bumerangs sollte deutlich unter 20.- DM liegen.

Außerdem möchte ich etwas zur Farbgestaltung von Bumerangs bemerken. Wichtig ist, daß du den Bumerang gut in der Luft verfolgen kannst (weiß und hellblau sind ungünstige Farben) und ihn auch auf einer ungemähten Wiese, im Gebüsch oder auf dem Stoppelfeld schnell wiederfindest. Aus diesem Grund sind überwiegend grüne oder braune Bumerangs weniger empfehlenswert. (Die Murphy-Gesetze formulieren das etwa so: „Auch wenn

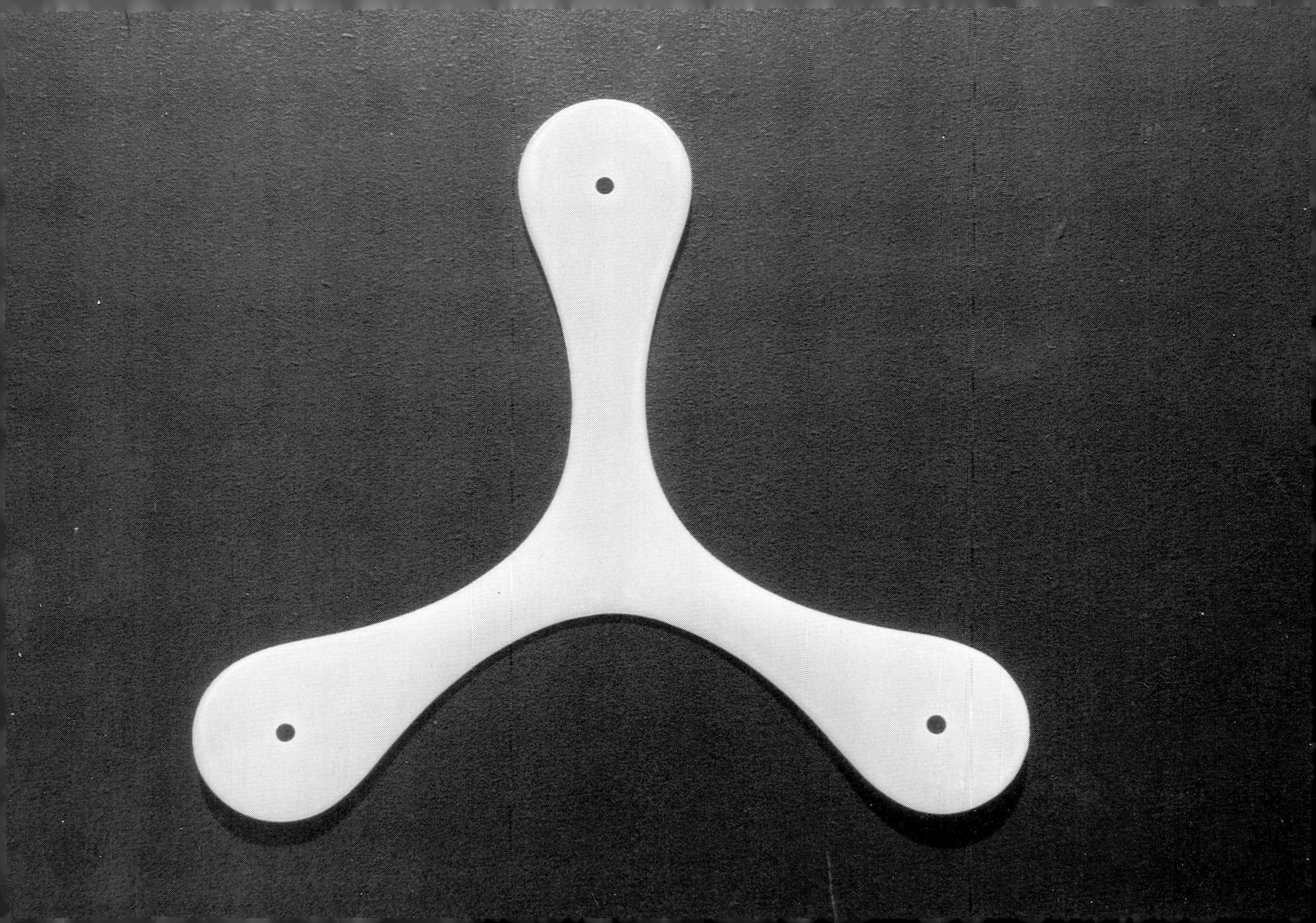

weit und breit kein Gebüsch vorhanden ist, dein Bumerang wird mittendrin landen!")

Schließlich wird auch der Preis deine Kaufentscheidung beeinflussen. Ein erster Bumerang sollte nicht unter 14.-, aber selbst bei aufwendiger Lackierung nicht über 35.- DM kosten. Gute Bumerangproduzenten geben eine ausführliche Wurfanleitung dazu.

tri-Fly

Bumerangzubehör

Vermutlich gehörst du auch nicht zu den Glücklichen, die eine geeignete Wurfwiese vor dem Küchenfenster haben und so jederzeit fehlendes Zubehör aus dem Haus holen können. Deshalb empfehle ich dir – auch wenn du erst einen einzigen Bumerang besitzt – die Anschaffung eines Rucksacks. Dieser sollte wenigstens zwei große und mehrere kleine Fächer bzw. Taschen haben. Was gehört neben deinen Bumerangs noch in den Rucksack?

Als Bumerangwerfer solltest du immer Handschuhe tragen, damit die Verletzungsgefahr beim Fangen so gering wie möglich bleibt. Ich benutze am liebsten Fahrradhandschuhe. Sie mildern den Aufprall des Bumerangs ab; gleichzeitig bleibt durch die im Freien liegenden Fingerkuppen das für den Abwurf notwendige Fingerspitzengefühl erhalten. Trotz dieser vorbeugenden Maßnahme kann ein Stück Pflaster im Rucksack einmal nützlich sein.

Wenn du deinen Wurfplatz auch bei leichtem Wind aufsuchst, bist du mit einer Windfahne (du bindest ein paar Wollfäden an eine bis zu 2m hohe

Stange) bestens ausgestattet. Du suchst dir einen festen Platz, von dem du immer wieder abwerfen möchtest, und steckst den Windrichtungsanzeiger ca.10 m von dir entfernt (entgegen der Windrichtung) in den Boden. So umrunden deine Bumerangs die Windfahne, und du hast sie immer im Blick. Du kannst es dir aber auch einfacher machen, indem du dir Wollfäden an das Handgelenk bindest und vor den Würfen kurz den Arm zur Windrichtungskontrolle anhebst. Ebenso kannst du durch das Hochwerfen einiger Grashalme schnell die Windrichtung feststellen.

Weiterhin kann dir ein alter Lappen nützlich sein (zum Abwischen des Bumerangs, falls das Gras feucht ist), sowie eine Schachtel mit Münzen und Isolier-/Klebeband, wenn du mit Gewichten experimentieren möchtest.

Grundausstattung:
1 Rucksack, 1 Windfahne, 1 Paar (Fahrrad) Handschuhe, 1 Handtuch, Klebeband, Gewichte: Münzen, Pflaster

Wurfgelände und Wetter

Das ideale Wurfgelände
- hat mindestens die Größe eines Sportplatzes,
- ist eben,
- ist frei von Bäumen, Gebüsch, Stromleitungen und sonstigen Hindernissen
- hat einen weichen Untergrund (Rasenfläche, Wiese, Stoppelfeld, Strand usw.).

Ungünstig kann sich die unmittelbare Nähe von sehr hohen und großen Gebäuden auswirken, da die bodennahen Winde hier häufig ihre Richtungen wechseln.

Hartplätze von Sportanlagen benutze ich nicht, da meist häßliche Spuren an den Bumerangs zurückbleiben, die allerdings die Flugeigenschaften in der Regel nicht beeinträchtigen.

Schönes Wetter ist für freudvolles Bumerangwerfen eigentlich Voraussetzung. Gerade für die ersten Probeflüge mit einem neuen Bumerangs ist ein trockener und windstiller Tag optimal. Der Wind fällt als Störfaktor weg, und du kannst alle Wurferfolge und -mißerfolge deinen Wurfkünsten bzw. deinem Bumerang zuschreiben. Solch günstige Bedingungen hast du besonders häufig in den Abendstunden.

Bereits ab Windstärke 3 wird Bumerangwerfen häufig zum Glücksspiel, da vor allem die Windböen den Rückkehrflug unberechenbar machen können.

Sicherheitsregeln

Bumerangwerfen ist nicht gefährlich, solange du wichtige Grundregeln beachtest. Wenn du ganz allein auf deinem Wurfgelände bist, sollte sich im Umkreis von etwa 40 m rund um deinen Abwurfplatz nichts befinden, dem du Schaden zufügen könntest. Wirf immer wieder vom gleichen Abwurfpunkt, damit die Sicherheitsabstände gleich bleiben.

Die langjährige Wurferfahrung hat mir jedoch gezeigt, daß man als Bumerangwerfer nie lange allein ist. Schaulustige, Interessierte, Bumerangbesitzer – irgend jemand taucht immer plötzlich neben dir auf. Dann mußt du dir schnell darüber im klaren sein, ob du dich als Bumeranglehrer zur Verfügung stellst oder ob du z.B. gern allein weiter üben möchtest. Also: Sag, was du kannst und was du willst !

In der Regel wirst du also nicht allein auf dem Platz stehen.

Für Kleingruppen haben sich folgende Regeln bewährt:

- Es wird der Reihe nach geworfen!
- Pro Wurfgruppe ist nur ein Bumerang in der Luft!
- Alle Werfer einer Gruppe verfolgen die Flugbahn des Bumerangs!
- Es ist ein Warnruf zu vereinbaren, falls trotz aller Vorkehrungen jemand getroffen werden könnte (z.B. „Vorsicht !" = Kopf/Gesicht schützen!).
- Es wird grundsätzlich nie in die Richtung von unbeteiligten Personen geworfen!

Freunde, die zum Beispiel gerade nicht mitwerfen, sollten sich für ihr „Pläuschchen" wenigstens 15 – 20 m hinter den Abwurfort begeben! Es ist wichtig, nie leichtsinnig zu werden. Gefährlich ist übrigens weniger die Fluggeschwindigkeit des Bumerangs. Die etwas abgeflachten Stirnkanten haben als Folge der hohen Rotationsgeschwindigkeit die Wirkung eines Rasenmähermessers.

Grundlagen der Wurf- und Fangtechnik

Grifftechnik

Du kannst den Bumerang auf zweierlei Weise festhalten. Zum einen mit dem Klemmgriff, wobei ein Armende zwischen Daumenkuppe und der Seitenfläche der beiden oberen Zeigefingerglieder eingeklemmt wird . Zum anderen mit der traditionellen Grifftechnik, bei der sowohl der Zeigefinger als auch der Mittelfinger die flache Hinterkante des Bumerangs umgreifen. Die traditionelle Grifftechnik erlaubt ein sicherere Kontrolle des Bumerangs in der Abwurfphase (Einhalten der optimalen Abwurfwinkel), während der Vorteil des Klemmgriffs darin besteht, daß der Bumerang durch die relativ lockere Handhaltung besser in Rotation versetzt werden kann.

An welchem Arm du den Bumerang anfaßt, ist in den meisten Fällen gleichgültig. Da sich beim Abwurf ein möglichst langer Beschleunigungsweg positiv auf die Rotation und die Horizontalgeschwindigkeit

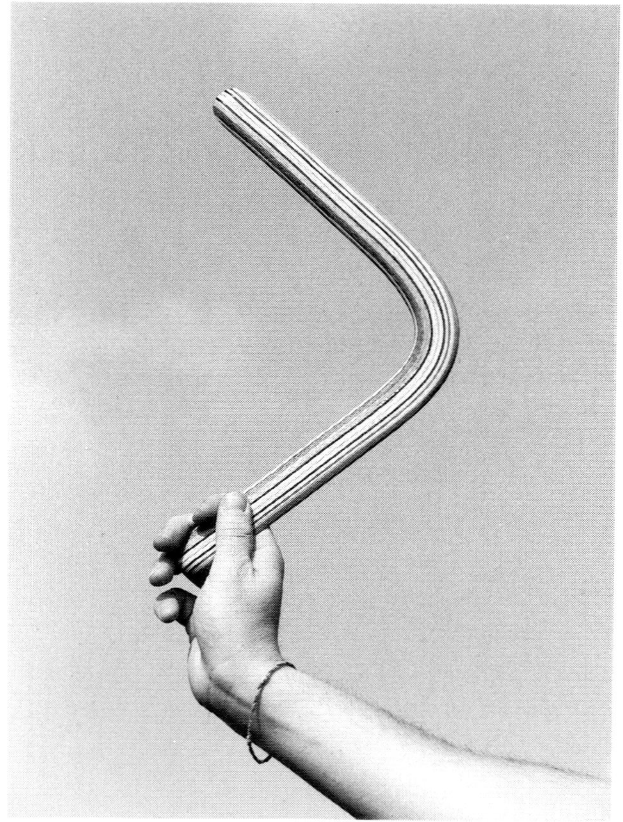

Traditioneller Griff Arm 1

Klemmgriff Arm 2

des Bumerangs auswirken kann, bevorzugen viele Werfer bei Zweiflüglern den Griff an Arm 1, da in diesem Fall die Masse bzw. der Schwerpunkt des Bumerangs in der Ausholphase recht weit nach hinten unten gelangt.

Du solltest die unterschiedlichen Grifftechniken ausprobieren und letztlich diejenige beibehalten, die deinem individuellen Wurfstil am meisten entgegenkommt. Wichtig ist jedoch in jedem Fall, daß beim Abwurf die bearbeitete Seite des Bumerangs zu dir zeigt!

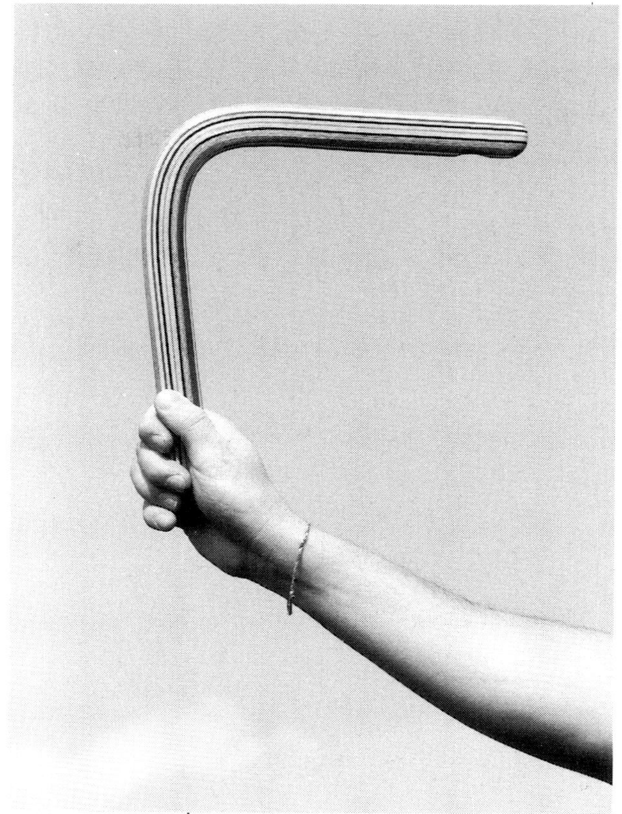

Traditioneller Griff Arm 2

Der Abwurfwinkel gegen den Horizont

Wurftechnik

Wenn dein Bumerang zentimetergenau zu dir zurückkehren soll, mußt du die folgenden fünf Komponenten (präge sie dir als „Fünf-Finger-Regel" ein), drei Winkel und zwei Kräfte, genau beachten.

Der Neigungswinkel des Bumerangs gegenüber der Senkrechten muß je nach Bumerang zwischen 5 und 40 Grad betragen (Rechtshänder neigen den Bumerang nach rechts, Linkshänder nach links).

Der Horizontwinkel (Abwurfwinkel gegenüber dem Horizont) sollte in der Regel zwischen 0 und 15 Grad betragen, d.h. du mußt den Bumerang nicht nur nach vorn, sondern auch geringfügig nach oben abwerfen.

Der Windrichtungswinkel verdient in bezug auf die Rückkehrgenauigkeit besondere Beachtung. Du stellst dich als Werfer so auf das Wurffeld, daß dir der Wind von vorn in das Gesicht weht. Der Rechtshänder wirft seinen Bumerang zwischen 30 und 60 Grad nach rechts, der Linkshänder nach links, aus dem Wind. Da der Wind deinen Bumerang sehr leicht verweht, solltest du gerade als Anfänger bei Windstille üben, damit du die speziellen Rückkehr-

Der Neigungswinkel gegen die Senkrechte

eigenschaften deines Bumerangs einschätzen lernst.

Schließlich sind die Horizontal- und die Rotationsgeschwindigkeit wesentliche Voraussetzungen für gelungene Würfe. Hier ist kontrollierter Krafteinsatz gefragt. Während du die für den Flug nach vorn einzusetzenden Kräfte recht leicht dosieren kannst (nur schwere Bumerang ab ca. 60 Gramm verlangen einen kräftigen Abwurf), fällt es Anfängern meist schwer, dem Bumerang ausreichend Rotation zu verleihen. Dein Ziel sollte sein: Der Bumerang soll so schnell wie möglich rotieren.

Der Bewegungsablauf

Die Abwurfbewegung ist mit der eines Ballwurfes vergleichbar: Als Rechtshänder stellst du das linke Bein vor und führst den Wurfarm mit dem Bumerang über deine rechte Schulter zurück. Dabei ist es von Vorteil, wenn du den Bumerang möglichst gradlinig nach hinten führst bzw. nach vorn beschleunigst, weil du dann die beschriebenen Winkel leichter einhalten kannst. Für eine gute Wurfausgangsposition ist es hilfreich, wenn dein linker Arm in Abwurfrichtung zeigt.

Bei leichten Bumerangs kann ein Anlauf mit Stemmbewegung entfallen, die Kräfte der Arm- und Schultermuskulatur reichen für die notwendige Horizontalgeschwindigkeit aus. Von entscheidender Bedeutung ist jedoch die letzte Phase der Abwurfbewegung: Du mußt den Bumerang durch schnellkräftiges Abknicken des Handgelenkes nach vorn unten in Rotation versetzen. Diese Bewegung setzt gegen Ende der möglichst dynamischen Unterarmstreckung ein und erfordert einige Übung.

In diesem Zusammenhang möchte ich gleich auf den häufigsten Wurffehler hinweisen. Ein seitli-

Abwurfphase

Kurz nach dem Abwurf

Wurftechnik richtig

Fehler

ches Ausweichen des Handgelenks (die sogenannte Sichelbewegung) ist bei Anfängern sehr häufig zu beobachten. Das Resultat – ein zu großer Neigungswinkel – läßt den Bumerang nach schnellem Aufstieg aus großer Höhe abstürzen. Falls bei dir entsprechende Probleme auftauchen, solltest du die Abwurfbewegung etliche Male ohne Abwurf durchführen und dabei die Stellung deines Handgelenks selbst kontrollieren oder durch einen hinter dir stehenden Partner überprüfen lassen.

Werfen bei Wind

Du solltest nur bei Wind (max. Stärke 3 bis 4) werfen, wenn du bereits über eine gefestigte Wurftechnik verfügst und bereit bist, einige Meter zurückzulegen, um deine Bumerangs wiederzuholen. Wurftechnisch solltest du versuchen, die Wurfkraft nach vorn zu verringern (der Gegenwind gleicht das aus), den Horizontwinkel zu erhöhen (der Bumerang fliegt jetzt „über einen Berg") und den Neigungswinkel bis in den negativen Bereich zu verkleinern (der Bumerang legt sich sehr spät flach). Das Flugbild sollte dann folgendermaßen aussehen:

Der Bumerang steigt im Winkel von etwa 30 Grad auf; ein Flachlegen ist noch nicht zu beobachten. Am Ende des ersten Drittels der Flugbahn fällt er rasch ab und droht abzustürzen. Er legt sich jedoch im zweiten Flugdrittel flach und wird dann durch die jetzt nach oben wirkenden Auftriebskräfte und den Wind zu dir zurückgetragen. Landet er immer auf der gleichen Seite neben dir, mußt du den Windrichtungswinkel verändern, und zwar vermutlich vergrößern.

Beidhändiges Fangen

Fangtechnik

Was nützt dir ein Superwurf, wenn du dich anschließend flach auf den Boden werfen mußt, um nicht von deinem eigenen Bumerang getroffen zu werden? Ein erster exakter Rückkehrflug ist ein großer Erfolg, ein Fang des Bumerangs am Abwurfort ist die Krönung! Da der Bumerang auf einer bogenförmigen, für den Anfänger schwer vorauszusehenden Flugbahn auf den Fänger zufliegt, ist hohe Konzentration erforderlich. Vergiß nicht, deine Handschuhe anzuziehen!

Die sicherste Methode ist das sogenannte „Sandwich – Fangen". Du hältst die Hände parallel zum Boden, die Handflächen zeigen zueinander. Damit der mit hoher Rotationsgeschwindigkeit anfliegende Bumerang nicht gegen deine Hände schlägt, versuchst du eine Hand über und die andere Hand unter den Bumerang zu bringen. Sobald er zwischen die fangbereiten Hände gelangt, werden die Handflächen – einer Klatschbewegung vergleichbar – dynamisch zusammengeführt. Wenn du deine Arme dem Bumerang etwas entgegenstreckst und sie beim Fangen in Flugrichtung mitbewegst, kannst du die Vorwärtsgeschwindigkeit des Bumerangs sanfter abbremsen. Aus Sicherheitsgründen solltest du deinen Bumerang nicht vor dem Gesicht fangen. Weiche rechtzeitig zur Seite aus!

Beeinflussung der Bumerangflugbahn

Trotz großer Bemühungen kann es immer einmal vorkommen, daß dein Bumerang nicht so exakt zurückkehrt, wie du es dir wünscht. Vielleicht fliegt er immer über dich hinweg, landet stets rechts von dir oder stürzt im schlimmsten Fall jedes Mal nach einem Halbkreis ab.

In diesem Kapitel zeige ich dir, wie du
- durch Variation der Wurftechnik,
- durch Biegemaßnahmen an den Bumerangflügeln oder
- durch Gewichtsveränderungen am Bumerang

die Flugbahn gezielt beeinflussen kannst.

Flugbahnveränderungen durch Variation der Wurftechnik

Die folgenden Flugbahnskizzen zeigen dir besonders häufig auftretende unerwünschte Flugbahnen, d.h., der Bumerang kommt in allen Fällen nicht zielgenau zum Werfer zurück.

Falls du bereits mehrere Bumerangs besitzt, ist es wichtig, daß du dich mit jedem einzelnen Bumerang länger aktiv auseinandersetzt. In der Praxis heißt das, daß du jeden Bumerang an einem Wurftag mindestens 20 oder 30 Mal hintereinander werfen solltest, es sei denn, du beherrschst ihn schon nach wenigen Würfen. Nur so kannst du die Besonderheiten deiner Bumerangs in Erfahrung bringen. Die Erfahrung zeigt nämlich, daß scheinbar völlig baugleiche Bumerangs eine jeweils ganz spezielle und individuelle Handhabung verlangen. So muß der eine Bumerang recht kräftig abgeworfen werden, während sich ein baugleiches Modell bereits mit wenig Wurfkraft bei ausreichender Rotation begnügt; ein dritter Bumerang benötigt dafür einen größeren Neigungswinkel usw. Die Korrekturhinweise auf diesen Seiten können für dich dementsprechend nur eine Hilfestellung sein, sie können das Sammeln von eigenen Erfahrungen keinesfalls ersetzen, im günstigsten Fall deutlich verkürzen.

Fehlerbild

Dein Bumerang landet immer wieder links/rechts von dir.

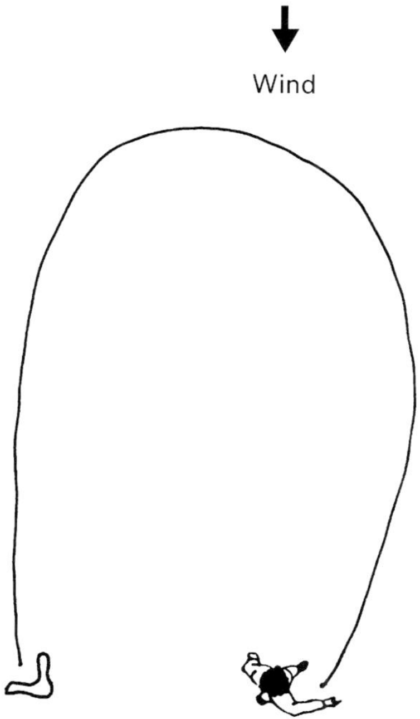

Wurfkorrektur

Du mußt den Windwinkel vergrößern / verkleinern, d.h. mehr bzw. weniger nach rechts aus dem Wind abwerfen (Rechtshänder).

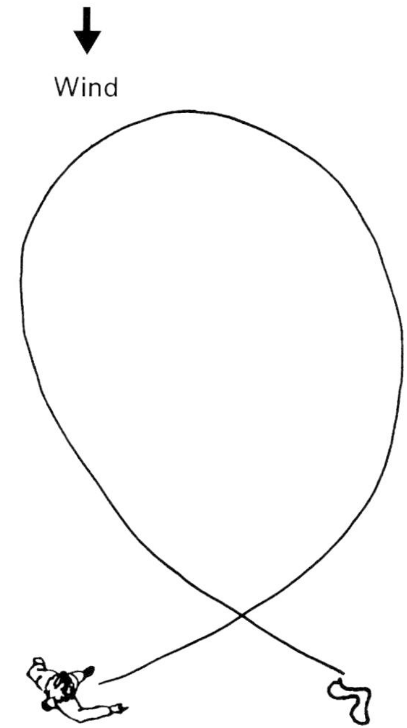

Fehlerbild

Der Bumerang fliegt nur einen Halbkreis und stürzt ab.

Wurfkorrektur

Du mußt kräftiger und mit noch mehr Rotation abwerfen; evtl. mußt du den Bumerang zusätzlich stärker nach rechts neigen (Rechtshänder).

Fehlerbild

Der Bumerang fliegt auf dem Rückweg über dich hinweg.

Wurfkorrektur

Du wirfst zu kräftig. Wurf abschwächen.

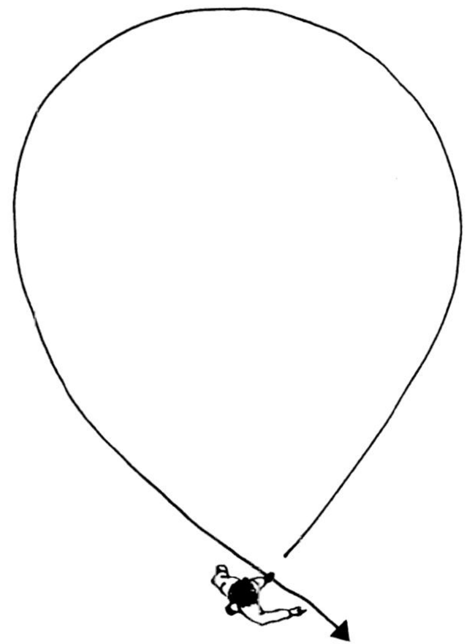

Fehlerbild

Der Bumerang dreht regelmäßig vor dir ein.

Wurfkorrektur

Neige den Bumerang etwas stärker nach rechts (Rechtshänder).

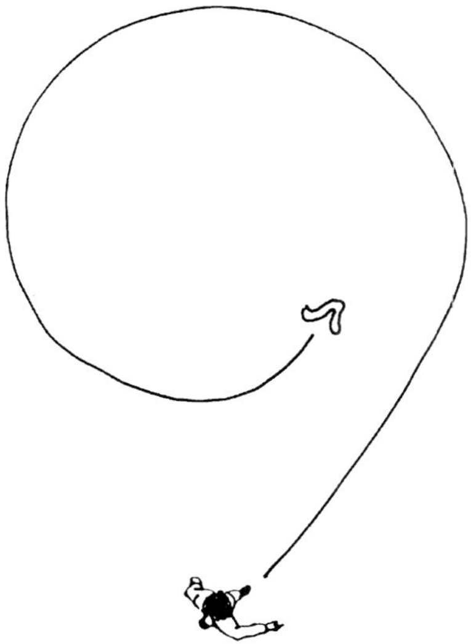

Fehlerbild

Der Bumerang steigt nach dem Abwurf steil auf und stürzt unsanft ab.

Wurfkorrektur

Das war ein „Sichelwurf". Du mußt den Bumerang beim Abwurf senkrechter halten (Neigungswinkel verkleinern).

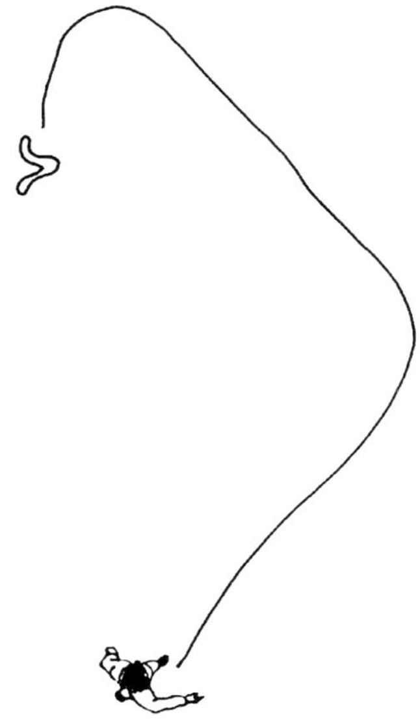

Fehlerbild

Der Bumerang fliegt sozusagen „über einen Berg", dreht noch zur Rückkehr ein und landet dann deutlich vor dir.

Wurfkorrektur

Du wirfst zu hoch ab (Horizontwinkel verkleinern) und mußt ggf. kräftiger abwerfen.

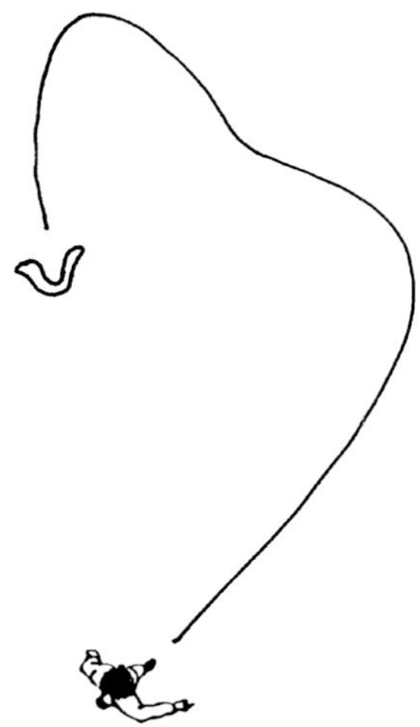

Fehlerbild

Der Bumerang fliegt am Anfang flach über den Boden, steigt in der Kurve steil auf, und stürzt dann mit großer Geschwindigkeit auf dich zu.

Wurfkorrektur

Du wirfst zu tief ab (Horizontwinkel erhöhen). Eventuell mußt du den Bumerang beim Abwurf auch noch etwas senkrechter halten.

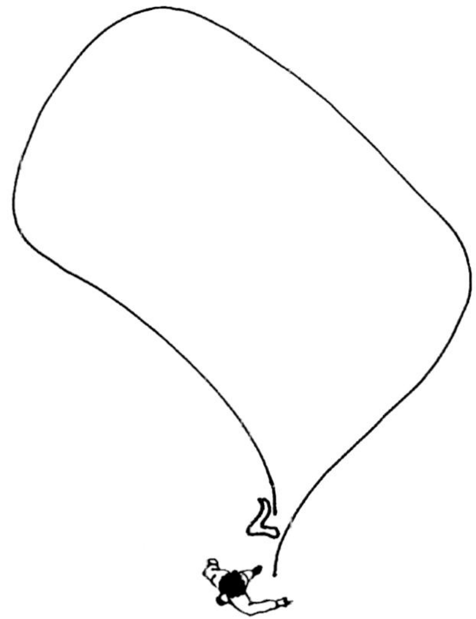

Optimale Flugbahn

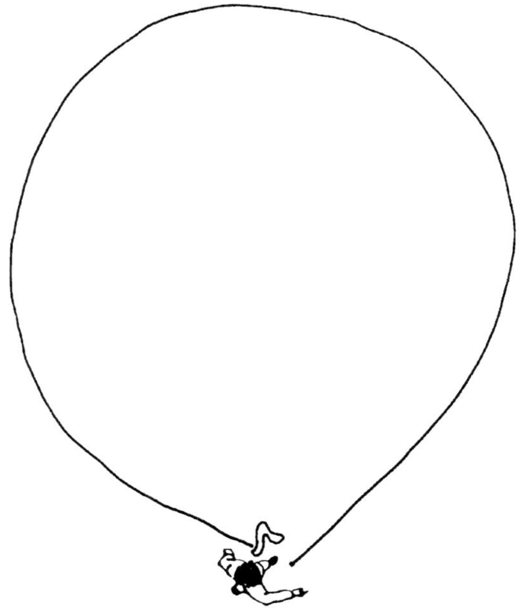

Flugbahnveränderungen durch Biegemaßnahmen

Biegekorrekturen werden erforderlich, wenn dein Bumerang trotz zahlreicher Probewürfe und variierter Wurftechnik immer wieder abstürzt. Das Biegen gelingt in der Praxis eigentlich recht schnell und ist ab und zu notwendig, da sich vor allem Holzbumerangs nach längerer Lagerzeit (Temperaturwechsel) verziehen können.

Doch genug der Theorie. Wie kannst du die Arme deines Bumerangs verbiegen und was bringt es dir?

Die Bumerangarme lassen sich auf zwei Achsen verstellen. Sie können zum einen um die Längsachse gedreht werden – der Bumerangexperte spricht dann von einem positiven oder negativen Anstellwinkel. Zum anderen sind Biegungen um die Querachse üblich, d.h. in der Praxis, daß die Flügelenden leicht nach oben oder unten gebogen werden (positive oder negative Längsbiegung).

Hinweis: vgl. Abb. Grundbegriffe rund um den Bumerang 2 auf Seite 14.

Wenn dein Bumerang also immer wieder abstürzt, dann lege ihn mit der profilierten Seite nach oben auf eine ebene Fläche, z.B auf einen Tisch. Jetzt drückst du den Bumerang im Ellbogenbereich (Zweiflügler) bzw. im Zentrum (bei Mehrflüglern) auf die Tischplatte. Nun sollten alle Bumerangarme entweder plan auf dem Tisch liegen oder die Armenden sollten wenige mm in die Luft zeigen. Ergibt eine Gegenprobe bei umgedrehtem Bumerang, daß einzelne Arme eine negative Längsbiegung aufweisen, so muß eine Biegekorrektur erfolgen. Dies kann bei geringfügigen Korrekturen dadurch geschehen, daß du das entsprechende Bumerangarmende ergreifst und vorsichtig – besonders bei Holz – ein bis zwei cm in die gewünschte Richtung verbiegst. In dieser Position wird der Bumerang 5 bis 15 Sekunden festgehalten. Nach dem Loslassen verbleibt in der Regel eine geringe, aber ausreichende Restbiegung. Zudem sollte der Vorgang nach weiteren Probewürfen wiederholt werden. In hartnäckigen Fällen, dies hängt vor allem vom Verlauf der Holzstruktur ab, wird der Bumerang über Nacht mit Schraubzwingen eingespannt. Unter die betroffenen Armenden werden werden Keile/

Eingespannter Bumerang

Holzstücke geschoben, um die gewünschte Biegung zu erhalten.

Bei Kunststoffbumerangs kannst du entschieden rabiater zu Werke gehen, da sie in der Regel unzerbrechlich sind.

Die drei folgenden durchaus typischen Flugbahnen lassen sich oft nur durch entsprechende Biegemaßnahmen verändern:

Fehlerbild

Dein Bumerang kommt nie ganz zurück, er stürzt immer wieder vor dir ab.

Wurfkorrektur

Alle Flügelenden etwas hochbiegen.

Fehlerbild

Dein Bumerang steigt recht hoch auf, legt sich schnell flach und kommt auf einer S – förmigen Flugbahn zurück (die gesamte Flugbahn ähnelt einer 8).

Biegekorrektur

Alle Bumerangarme ein wenig herunterbiegen (evtl. die Stirnkanten der Arme etwas positiv anstellen = leicht nach oben biegen)

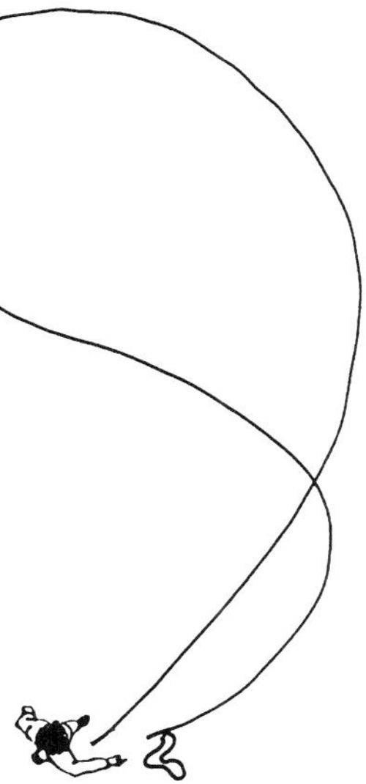

Fehlerbild

Dein Bumerang dreht immer vor dir ein (die Flugbahn ähnelt einer 9).

Biegekorrektur

Du mußt die Stirnkanten leicht positiv anstellen (oder den Bumerang nur bei etwas stärkerem Wind benutzen; dieser sorgt dann für die vollständige Rückkehr).

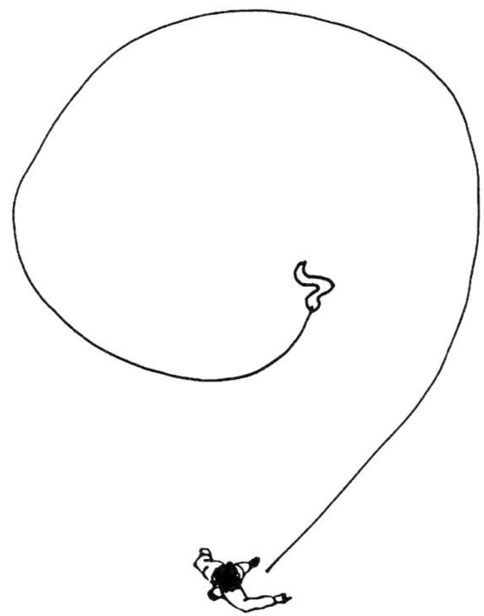

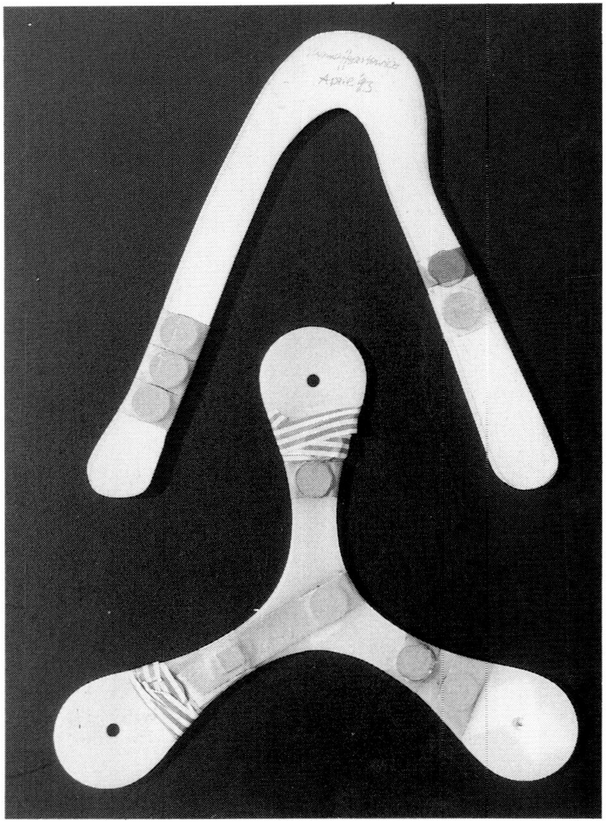

Gewichte am Bumerang

Flugbahnveränderung durch Gewichte

Gewichtsveränderungen beeinflussen die Flugbahn deines Bumerangs erheblich. Vereinfacht dargestellt zeigen sich folgende Auswirkungen: Eine Gewichtsreduzierung durch das Einarbeiten von Löchern oder Schlitzen führt zu einer Verringerung der Flugweite bei gleichzeitig erhöhter Windresistenz. Die Rotationseigenschaften des Bumerangs verschlechtern sich.

Wünschenswert ist in der Praxis jedoch meist eine Vergrößerung der Flugweite. Soll dein Bumerang also weiter fliegen als bisher, kannst du an der Bumeranganunterseite Gewichte (Münzen, Bleistükke o.ä.) mit Hilfe von Klebeband befestigen. Die Flugweite erhöht sich, je weiter die zusätzlichen Gewichte vom Drehpunkt des Bumerangs entfernt angebracht werden. Die an den Bumerangarmen montierten Gewichte beeinflussen die Strömungsverhältnisse erstaunlicherweise kaum. Eine vergrößerte Masse weit ab vom Drehpunkt reduziert jedoch gleichzeitig die Rotationsgeschwindigkeit (vgl. Pirouette des Eiskunstläufers), so daß einer uneingeschränkten „Weitenjagd" recht schnell Einhalt geboten wird. Trotzdem können Bumerangs durch geschicktes Gewichten mehr als die doppelte Flugweite erreichen. Hier hast du ein ergiebiges Experimentierfeld vor dir.

So wirst du z.B. feststellen können, daß bei Zweiflüglern die Wirkung von Gewichten unterschiedlich ist, je nachdem ob diese am Arm 1 oder Arm 2 angebracht werden. Viel Spaß beim Ausprobieren !

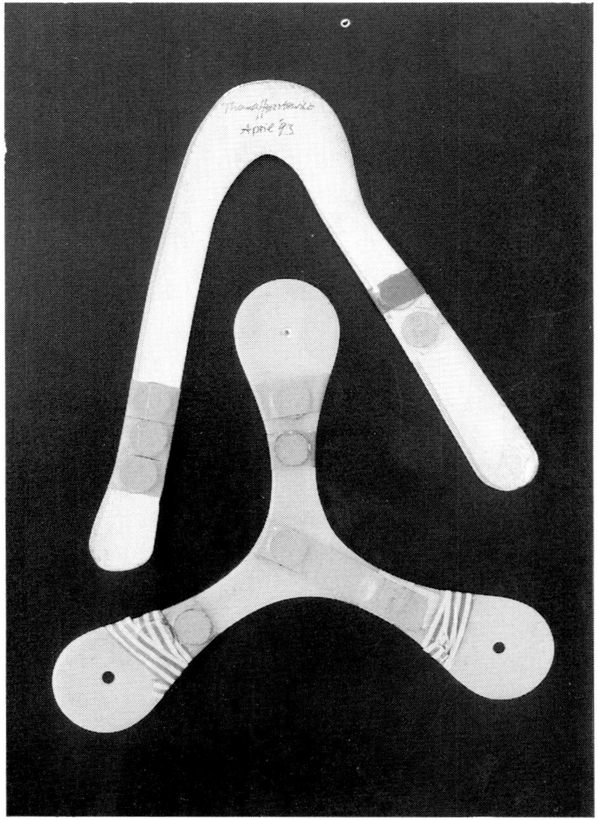

Flugbahnveränderung durch Gewichte

Kreativ Bumerangwerfen

In diesem Teil des Buches möchte ich dir zeigen, welche vielfältigen Möglichkeiten eine phantasievolle Auseinandersetzung mit dem Bumerang als Spiel- und Sportgerät bietet. Ich beschränke mich dabei bewußt auf Wurf- und Fangkombinationen, deren Schwerpunkte mehr im künstlerischen als im Sportbereich anzusiedeln sind. Allerdings sind auch hier die Grenzen verschwommen, oder könntest du klare Trennlinien zwischen Artistik und Turnen ziehen? Gleichwohl verlangen alle aufgeführten Fertigkeiten sowie deren Ausführungs- und Gestaltungsmöglichkeiten ein hohes Maß an Engagement, Experimentierfreude und Geduld; die Schwierigkeitsgrade liegen zwischen „das schafft auch ein Anfänger" bis „damit kannst du im Zirkus auftreten".

Einen Hinweis möchte ich vorweg noch geben. Gehe nur dann mit deinem Bumerang auf das Wurffeld, wenn du wirklich Lust dazu hast und die äußeren Bedingungen günstig sind. Warme, windstille Sommerabende bieten beste Voraussetzungen für freudvolles und zufriedenstellendes Bumerangwerfen.

Miteinander Spaß haben

Folgefangen und die „mentale Stärke"

Ähnlich wie der Jonglieranfänger seine ersten Fänge zählt, bevor er Schikanen in seine Drei-Ball-Jonglage einbaut, wirst du versuchen, deinen Bumerang möglichst oft hintereinander zu fangen, ohne ihn fallen zu lassen. Werden deine Fangketten anfangs noch als Folge mangelnder Wurfsicherheit unterbrochen, so stellen sich später immer wieder Probleme beim Fangen ein. Bumerangs, die du sozusagen „schon sicher in der Tasche hattest", entgleiten dir im letzten Moment wie durch Geisterhand.

Als Bumerangwerfer mußt du lernen, nicht nur an dein Können zu glauben – nein, du mußt von ihm überzeugt sein. Liegt dein persönlicher Rekord bisher bei 49 Fängen hintereinander, so mußt du dir bewußt machen, daß du deinen Bumerang nach dem 50. Wurf genauso sicher fängst wie 49 mal zuvor. Rein rationell gibt es keinen Grund, vor dem 50. Wurf nervöser zu sein als vor irgendeinem anderen – die Fertigkeit des Fangens bleibt schließlich dieselbe. Und du hast dir ja gerade 49 mal bewiesen, daß du deinen Bumerang sicher fangen kannst. In der Praxis sieht das jedoch oft anders aus.

Ein Sportpsychologe beschrieb das Phänomen an einem einleuchtenden Beispiel: Du stehst auf der 1. Stufe einer Treppe, vor dir der Hausflur. Du kannst deine Fußspitzen ruhig ein Stück über den Rand der Treppenstufe schieben; du kannst dich mit einem Freund dabei unterhalten und wild gestikulieren; du weißt eins genau (bist davon überzeugt): „Ich falle nicht von der Stufe" (Im Hinterkopf: „Und wenn schon – dann steige ich wieder hoch."). Stehst du aber auf dem Flachdach eines Hochhauses mit 40 Stockwerken, traust du dich nicht einmal auf einen Meter an den Rand des Daches heran. Dein Kopf schaltet um. Er denkt nicht mehr an deine 100prozentige Trittsicherheit, er denkt an mögliche Folgen.

Wenn du entsprechend beim 50. Wurf feuchte oder zittrige Hände bekommst (weil du an die Folgen denkst: „Wenn ich ihn jetzt nicht fange, war alles umsonst."), wirst du den Bumerang vermutlich fallen lassen. Mach dir vor deinen Wurfübungen also immer klar, was du eigentlich kannst und was du folglich von dir erwarten mußt. Konzentriere dich dann nur noch auf das Werfen und Fangen.

Wenn du mit mehreren Freunden Bumerang wirfst, könntet ihr folgende Spielformen ausprobieren:

- Wessen Bumerang landet am nächsten vom Abwurfpunkt?
- Wem gelingen in der kürzesten Zeit z.B. drei Fänge?
- Einer von euch wirft seinen Bumerang. Wer von allen fängt ihn?
- Wessen Bumerang fliegt am weitesten? (Diese Spielidee fordert zum Experimentieren mit Gewichten heraus!)

TRICKFANGEN

Sobald du die grundlegende Wurf- und Fangtechnik soweit beherrscht, daß deine Bumerangs recht zielgenau zu dir zurückkehren und du sie sicher fangen kannst, solltest du dir neue Ziele setzen. Dieses Kapitel bietet einige Ideen und Anregungen, wie du dich kreativ mit dem Fangen deiner Bumerangs auseinandersetzen kannst. Das Fangen ist im Sprung

Trickfangen

genauso möglich wie im Liegen oder Sitzen. Es gelingt nach einiger Übung einhändig ebenso wie mit den Füßen. Und wenn du keine Angst um deine Haarpracht hast, kannst du deinen Bumerang mit einer Hand auf deinem Kopf fangen. Du kannst deine Arme vor dem Fang überkreuzen oder den Bumerang mit den Handaußenflächen einfangen – deiner Kreativität sind keine Grenzen gesetzt. Wenn du einen besonders originellen Fang kreiert hast, dann schicke mir ein Foto. Also los!

Welche Bumerangs sind geeignet?

Für das Trickfangen eignen sich besonders solche Bumerangs, die im letzten Teil ihres Rückkehrfluges mit geringer Vorwärtsgeschwindigkeit aus größerer Höhe langsam zu dir hinunterschweben. Die hohe Flugbahn gibt dir genügend Zeit , um rechtzeitig an der voraussichtlichen Landestelle zu sein. Dann kannst du dich voll auf das Fangen konzentrieren. Weiterhin sollte der Bumerang leicht sein (maximal 50 bis 60 Gramm) und keine scharfen Stirnkanten aufweisen. Damit sinkt die Verletzungsgefahr. Nicht zuletzt ist jedoch auch die Wahl einer geeigneten Bumerangform von Bedeutung. Große Bumerangs mit einer maximalen Flügelspannweite von über 30 cm lassen sich gerade bei schwierigeren Trickfängen (z.B. hinter dem Rücken) schlechter beherrschen als kleine Bumerangs, die dir als Fänger mehr Bewegungsfreiheit lassen. Außerdem sollte die Masse des Bumerangs möglichst gleichmäßig um den Schwer-/Drehpunkt verteilt sein. Dies ist besonders bei symmetrischen Mehrflüglern günstig. Bei diesen Bumerangs ist die Chance beim Fangen „zwischen die Flügel" (sprich: ins Leere) zu fassen viel geringer. Für besonders geeignet halte ich die tri-Fly Bumerangs aus Polypropylen von Eric Darnell, weil du sie sehr gut durch Biegen und Gewichten auf die erwünschte Flugbahn einstellen kannst.

Was ist zu beachten?

Unabhängig von der jeweiligen Fangtechnik gilt, daß du schnell und kräftig zugreifen solltest. Das minimiert die Wahrscheinlichkeit, daß der Bumerang von deiner sich nur zögernd nähernden Hand abprallt. Gleichermaßen verringert die bewußte Muskelanspannung das Risiko, daß du dir weh tust.

Wie läßt sich die Flugbahn deines Bumerangs optimieren?

Wenn die Flügel deines Bumerangs eine leicht positive Längsbiegung aufweisen, wird der Bumerang schnell aufsteigen und sich früh flach legen. Ist die Biegung zu stark, wird er auf einer S-förmigen Flugbahn auf dich zustürzen (Arme zurückbiegen!). Fliegt der Bumerang dann zu weit geradeaus, hilft es meist, wenn du die Stirnkanten der Flügel ein wenig positiv anstellst. Hier mußt du Experimentierfreude zeigen und ein wenig Geduld mitbringen, bis dein Bumerang die erwünschte Flugbahn beschreibt.

Trickfang-Praxis

Auf den folgenden Seiten stelle ich dir eine Auswahl von Trickfängen in Wort und Bild vor. Ich benutze dazu am liebsten dreiarmige Bumerangs; bei den Aufnahmen für dieses Buch haben wir vorwiegend tri-Fly-Bumerangs verwendet. Einige der dargestellten Fangtechniken sind Bestandteil von Bumerangsportdisziplinen.

Beidhändiges Fangen mit Zusatzaufgabe

Nachdem das beidhändige Fangen für dich zur Routine geworden ist, stelle ich dir jetzt als Erschwernis einige Zusatzaufgaben. Fange deinen Bumerang beidhändig

- über Kopfhöhe
- hinter dem Rücken
- hinter den Beinen (Beine geschlossen halten!)
- unter einem Bein
- zwischen den Beinen (beide Beine auf dem Boden, kurz: beidbeinig stehend!).

Beidhändiges Fangen über dem Kopf

Beidhändig hinter dem Rücken

Beidhändiges Fangen zwischen den Beinen im Stehen

Fangen unter einem Bein – beidhändig

Beidhändiges Fangen ohne Zusatzaufgabe

Einhändiges Fangen mit Körperhilfe

Die folgenden Trickfänge sind zum Teil einfacher als die beidhändigen Fänge mit Zusatzaufgaben. Bei diesen Tricks mußt du deinen Bumerang mit einer Hand auf dem entsprechenden Körperteil fixieren. Fange deinen Bumerang

- auf dem Kopf
- auf der Brust
- auf dem Rücken
- auf dem Oberschenkel
- unter dem Oberschenkel
- unter der Fuß-/Schuhsohle

Einhändiges Fangen auf dem Kopf

... auf der Brust

Einhändiges Fangen auf dem Oberschenkel

Einhändiges Fangen unter der Schuhsohle

Einhändiges Fangen

Beim einhändigen Fangen ohne Körperhilfe sind zahlreiche Varianten möglich. Folgende Unterscheidungen sind denkbar:

- Fangen mit der linken oder rechten Hand
- Fangen mit Zugriff von unten, von der Seite oder von oben
- Fangen mit Zusatzaufgabe (siehe beidhändige Trickfänge)

Einhändig (tri-Fly) von unten

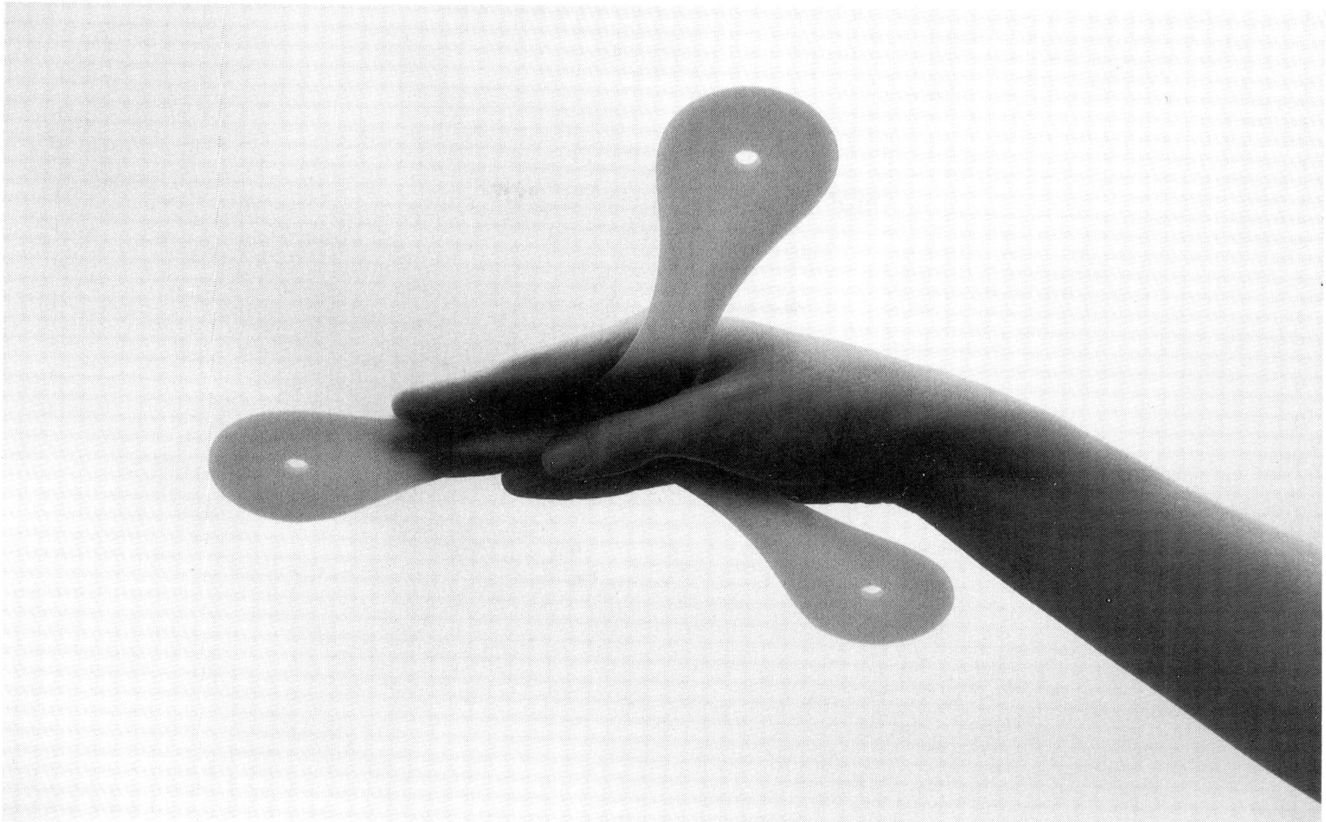

Fangen einhändig von der Seite

Fangen einhändig von oben

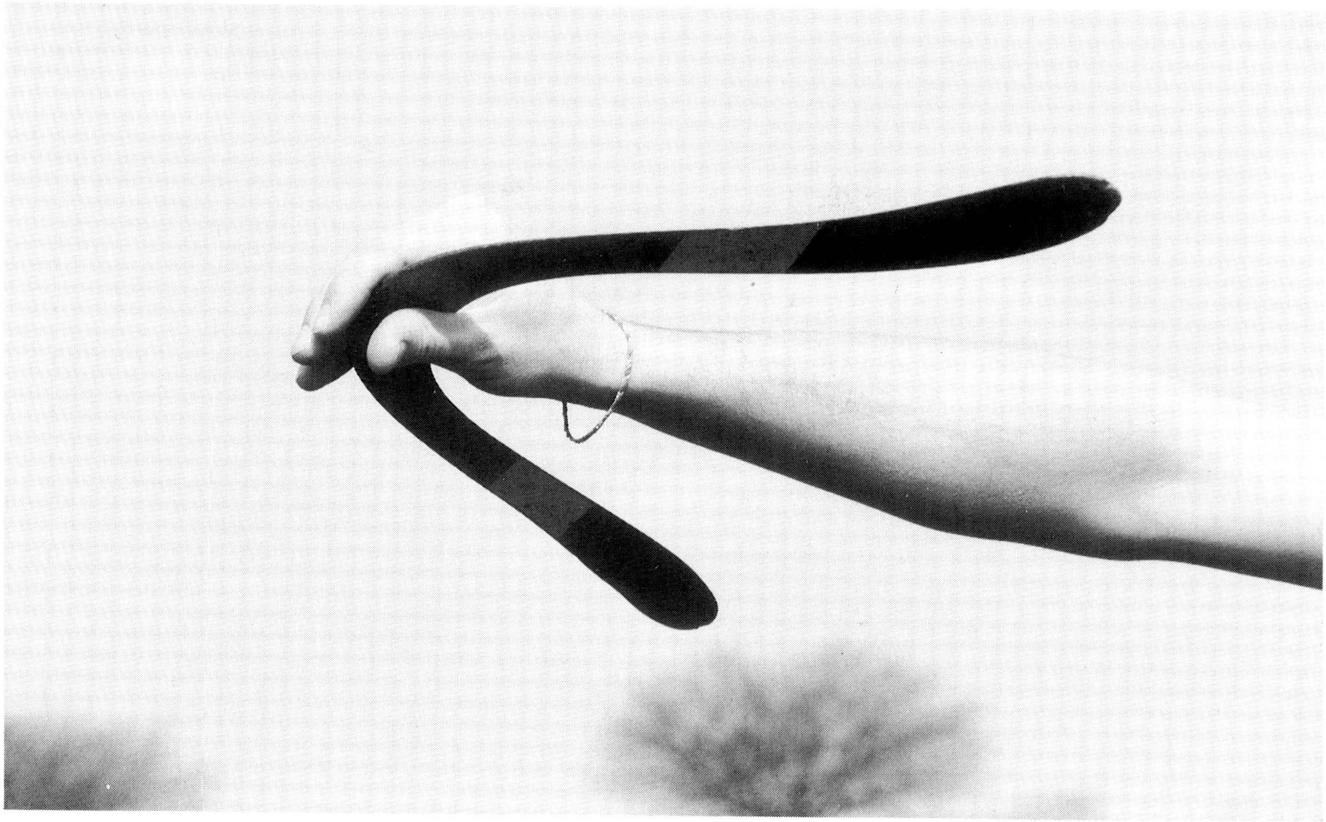

Einhändiges Fangen von Zweiflüglern

Fangen mit den Füßen

Wenn du besonders einsatzfreudig bist und keine schmutzige Kleidung scheust, dann versuche den zur Zeit schwierigsten Fang der Bumerangwettkämpfer. Hierzu mußt du vor allen Dingen frühzeitig am voraussichtlichen Landepunkt des Bumerangs sein. Siehe Foto auf Seite 99.

Fangen mit Finger/ Arm/ Kopf oder Fuß

Für diese Fänge benötigst du einen Mehrflüglerbumerang mit einer Öffnung im Zentrum. In den Geschäften wird gelegentlich ein ganz ordentlich fliegendes Kunststoffdreieck – meist pinkfarben – angeboten, das sich auf jeden Fall für Arm- und Fußfänge eignet (s.Test). Kleine Bumerangs mit Öffnungen ab ca. 2.5 cm lassen sich nach etwas Übung sowohl mit dem Daumen als auch mit dem kleinen Finger fangen.

Armfang

Abwurf „Steuerrad"

Fußfang

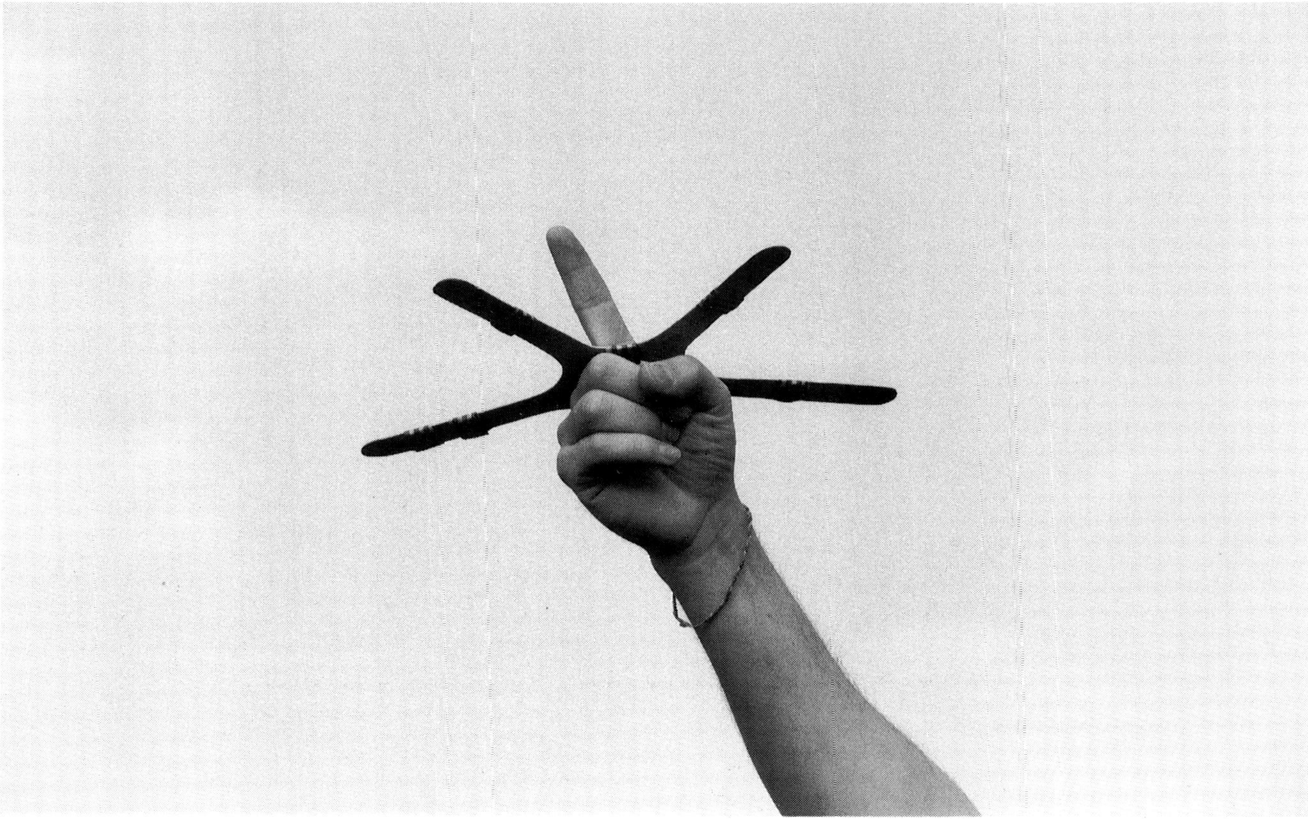

Fingerfang

Das fliegende Dreieck – besonders geeignet für Fußfänge

Spielformen

Du kannst dir zum Beispiel feste Fangfolgen ausdenken. Wieviel Fänge schaffst du davon?

Seid ihr zu mehreren, so könnt ihr den „MAGIER" unter euch auswerfen. Ihr legt fest in welcher Reihenfolge ihr werfen wollt. Der erste Werfer legt einen beliebigen Trickfang vor. Jeder nachfolgende Werfer versucht diesen Fang. Wer ihn schafft, bekommt ein „M", bei einem Fehlfang gibt es nichts. Dann macht der 2. Werfer einen Fang vor usw. Die Fänger im 2. Durchgang bekommen auch einen Buchstaben. Wer das „M" schon hat, erhält das „A". Ziel ist, möglichst schnell sechs geforderte Fänge zu meistern; dann bist du euer Werfer mit den magischen Händen, der „M" „A" „G" „I" „E" „R".

DOPPELWÜRFE

Hier bekommst du Ratschläge, wie du zwei Bumerangs gleichzeitig abwerfen kannst.

Welche Bumerangs sind geeignet?

Du kannst natürlich zwei beliebige Bumerangs gleichzeitig abwerfen. Wenn sie ähnliche Ansprüche an die Wurfkraft und an die Rotation stellen, werden sie auch beide zurückkommen. An dieser Stelle könnten die Probleme aber anfangen. Du kannst dich beim Fangen nur auf einen Bumerang konzentrieren und – ehe du dich versiehst – wird dich dein zweiter unsanft zu Boden strecken...

Die Bumerangs sollten also zum einen leichtgewichtig sein und noch viel wichtiger: Sie sollten möglichst unterschiedliche Flugzeiten benötigen. Du solltest also einen Bumerang benutzen, der recht schnell zu dir zurückkehrt, und als zweiten einen Trickfangbumerang nehmen, der vergleichsweise langsam von oben auf dich herabschwebt. Auf diese Weise kannst du deine Aufmerksamkeit nach dem Abwurf zuerst dem schnellen Bumerang widmen. Danach bleibt dir noch genügend Zeit, um deinen zweiten 'Rang einzufangen.

Der Abwurf ist für dich vergleichsweise einfach, wenn du zwei baugleiche Bumerangs verwendest, die Trickfangeigenschaften aufweisen sollten. Bei einem Bumerang stellst du die Stirnkanten der Flügel positiv an. Dies hat eine Verkürzung der Flugzeit zur Folge, da der Bumerang schneller in die Kurve eindreht. Ein gleichzeitiges behutsames (schrittweises) Gewichten unweit des Schwerpunktes hat zudem eine Verkürzung der Schwebephase zur Folge.

Hier mußt du geduldig tüfteln.

Was ist zu beachten?

Beim Doppelwurf werden beide Bumerangs direkt aneinandergelegt. Du benutzt am besten die traditionelle Grifftechnik. Die Schwierigkeit für dich besteht nämlich darin, daß es dir gelingen muß, deine Abwurfimpulse (Wurf- und Rotationsgeschwindigkeit) auf beide Bumerangs gleichermaßen zu übertragen. Deshalb solltest du beide Bumerangs eng aneinanderhalten und die Flügelenden in der Abwurfphase fest zusammenpressen. Es kann passie-

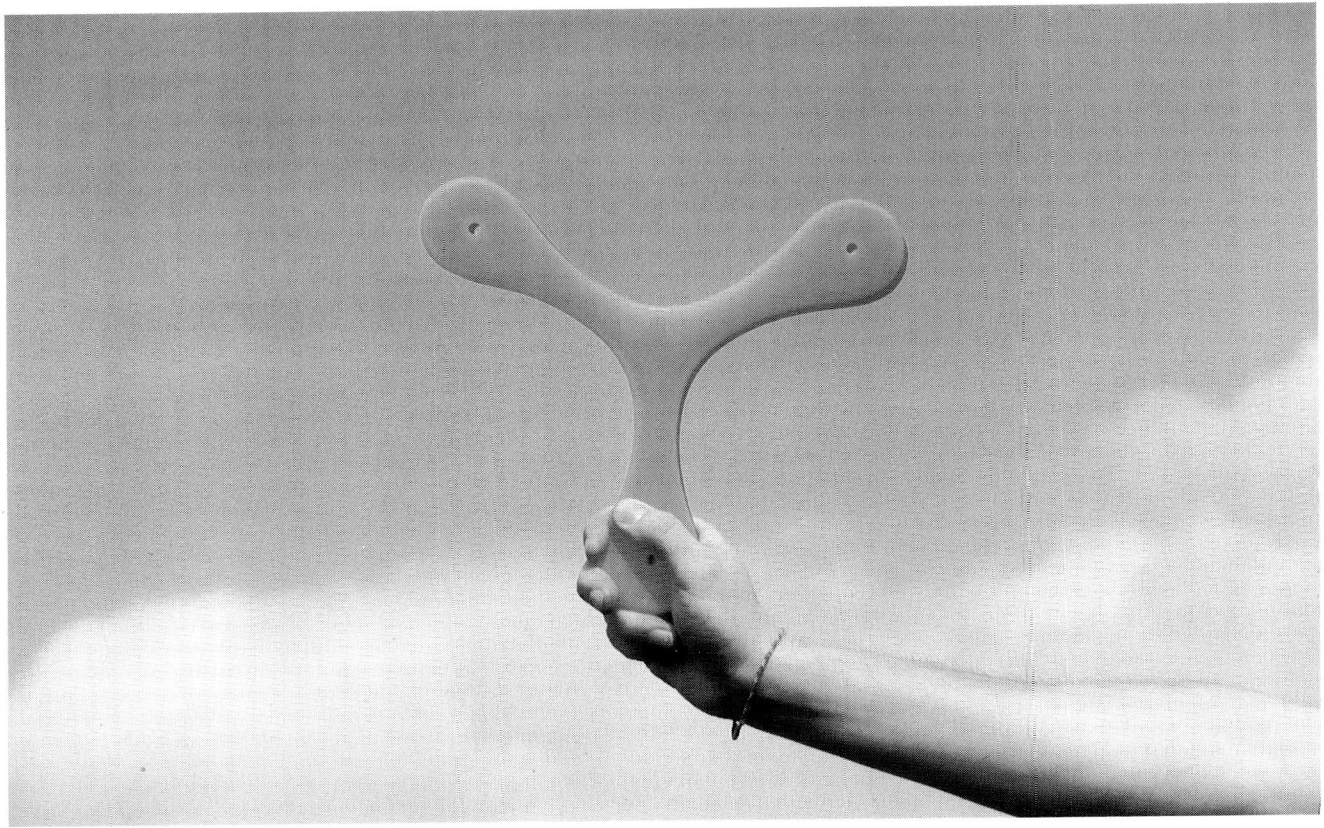

Traditioneller Griff am tri-Fly

Doppelwurf-Haltung

Wurfpalette-Grundhaltung

ren, daß sich die beiden Bumerangs (meist unmittelbar nach dem Abwurf) gegenseitig berühren und daß daraufhin zumindest einer abstürzt. Hier ist es wichtig, daß du den Bumerang, der zuerst zum Rückflug eindreht, oben liegen hast. Verhaken sich die Bumerangs trotzdem ab und zu, dann solltest du unterschiedliche Ausgangshaltungen ausprobieren, wie es die Fotos zeigen, oder andere Bumerangs miteinander kombinieren.

Spiel- und Wettkampfideen

- Wieviele Doppelwürfe mit anschließenden Fängen gelingen dir hintereinander?
- Gelingt es dir, ab und zu einen Trickfang einzubauen?

WURFPALETTE

Natürlich kannst du auch versuchen, drei oder vier Bumerangs gleichzeitig abzuwerfen. Mit baugleichen Bumerangs gelingt das vergleichsweise einfach. Dementsprechend schwierig wird es aber, sie so einzustellen, daß sie noch nacheinander fangbar sind. Hier gilt es, nach den ersten Fehlschlägen nicht gleich „den Bumerang ins Korn" zu werfen, sondern ausdauernd weiter zu probieren.

WURFFÄCHER

Der Wurffächer ist mit dem Jonglieren verwandt. Beim Wurffächer gilt es möglichst viele Bumerangs nacheinander abzuwerfen und in der gleichen Reihenfolge wieder zu fangen. Gelingt dir auch das Wiederabwerfen, so jonglierst du bereits.

Welche Bumerangs sind geeignet?

Wenn du zunehmend viele Bumerangs gleichzeitig in der Luft haben möchtest, müssen diese eine recht lange Flugzeit aufweisen. Auch hier kommen durchaus unsere Trickfangbumerangs in Frage, die sehr hoch aufsteigen und bei anhaltend großer Rotation nur langsam Richtung Erdboden schweben. Wenn du rekordverdächtige Ergebnisse erzielen möchtest, solltest du allerdings wenigstens 6-8 für diese Wurfvariante brauchbare Bumerangs besitzen, um dann die besten davon zu benutzen.

Wurffächer-Abwurfhaltung

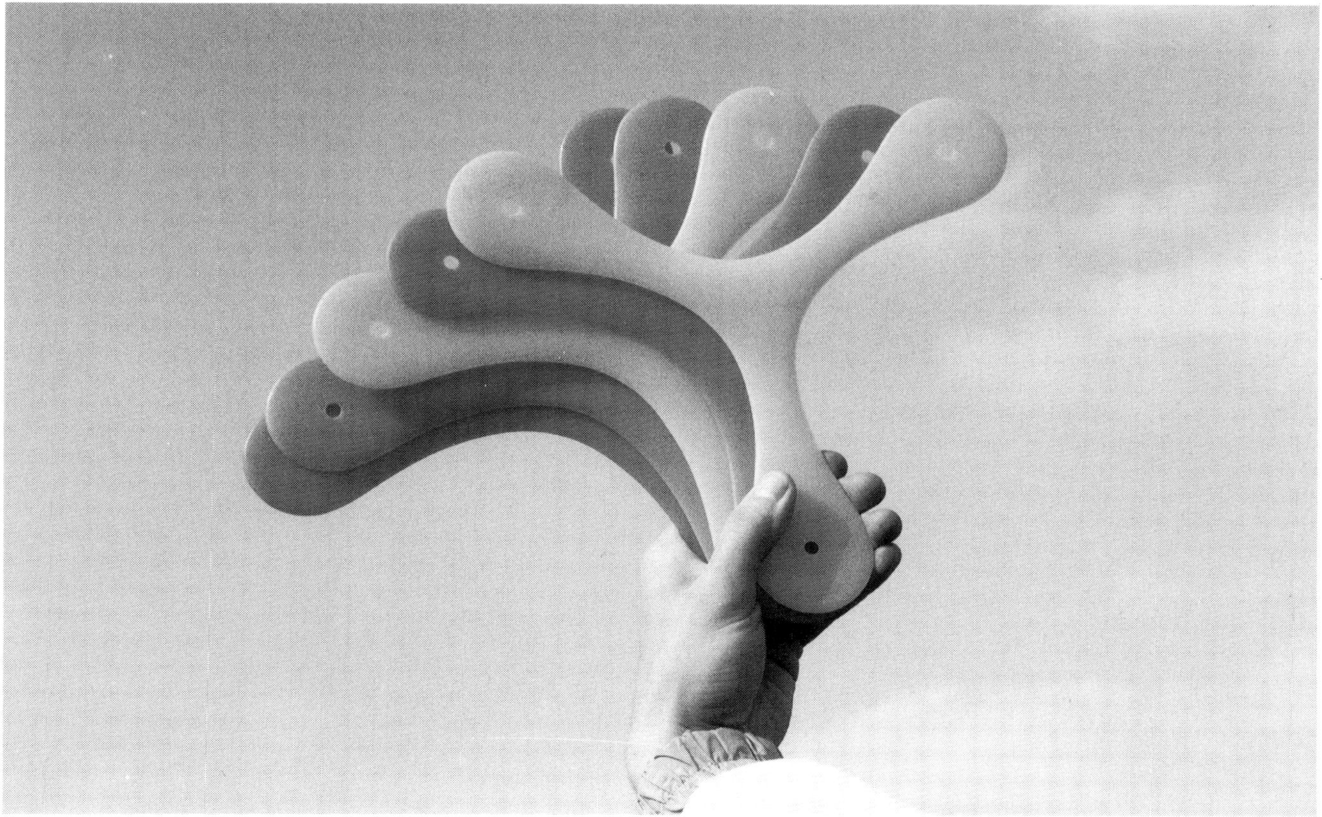

Wurffächer – So hält man viele Bumerangs

Was ist zu beachten?

Der Wurffächer trägt seinen Namen aufgrund der Ausgangsposition. Alle Bumerangs, die eingesetzt werden sollen, hältst du als Rechtshänder aufgefächert in der linken Hand. So kannst du jeden einzelnen Bumerang recht problemlos und schnell mit der Wurfhand erfassen. Auch hier gilt für dich: Langsam steigern und nur bei idealem Wetter üben! Wichtig sind kurze Zugriffzeiten bei gleichbleibend guter Wurftechnik. Übe zum Beispiel solange mit drei Bumerangs, bis du ganz sicher bist, daß du vor dem ersten Fang noch bequem einen vierten Bumerang abwerfen kannst.

- Wieviel Bumerangs kannst du maximal nacheinander abwerfen und anschließend fangen?

- Vereinfachte Variante ohne Fangen: Wieviel Bumerangs kannst du abwerfen, bevor der erste den Boden berührt?

Wie viele Bumerangs kannst du abwerfen, bevor der erste den Boden berührt?

JONGLIEREN

Vor einigen Jahren konnte ich im Zirkus „Flic Flac" einen Jongleur bewundern, dem es offensichtlich spielerisch leicht fiel, mit drei Kinderbumerangs aus geschäumtem Kunststoff wie mit Bällen zu jonglieren. Er warf die Bumerangs mit großem Neigungs- und Horizontwinkel ab. Sie beschrieben dabei eine elliptische Flugbahn und näherten sich jeweils bis auf wenige Zentimeter der Zirkuszeltwand unweit der Kuppel.

Das Jonglieren mit Bumerangs folgt den Regeln der Balljonglage. Der „Einfachheit" halber sollten wir jedoch mit zwei Bumerangs beginnen. In der Praxis heißt das, daß du den zweiten Bumerang abwerfen mußt, kurz bevor der erste wieder bei dir eintrifft. Es ist also immer mindestens ein Bumerang in der Luft.

Welche Bumerangs sind geeignet?

Auch für diese bereits etwas zirzensisch anmutende Wurfvariante eignen sich Bumerangs, wie sie für das Trickfangen beschrieben wurden. Während wir beim Doppelwurf zwei Bumerangs mit gleichen Abwurfeigenschaften, aber unterschiedlichen Flugbahnen benötigten, ist es jetzt erforderlich, daß Abwurfeigenschaften und Flugbahnen beider Bumerangs möglichst identisch sind. Da das Jonglieren eine hohe Präzision erfordert, muß eine hohe Rückkehrgenauigkeit von den Bumerangs verlangt werden, d.h., der Bumerang muß auch nach einem eher mißlungenen Abwurf noch gut zu fangen sein.

Was ist zu beachten?

Als Bumerangjongleur stehst du leicht unter Zeitdruck. Bloß schnell den Bumerang wegwerfen, der andere ist ja jeden Moment wieder da. Ein Jongleur, der in Hektik oder gar Panik verfällt, hat schon verloren. Also die Ruhe bewahren! Warte mit dem Abwerfen so lange, bis der fliegende Bumerang gut zwei Drittel seiner Flugbahn zurückgelegt hat (also unter Umständen bereits wieder über dir schwebt). Mache deine ersten Jonglierversuche nur bei idealen Wetterbedingungen (Windstille) und mit hoch aufsteigenden und lange schwebenden Bumerangs, damit keine frühzeitige Frustration eintritt.

Spiel-und Wettkampfform:

- Wieviele Fänge gelingen nacheinander?
- Kannst du für kurze Zeit 3 Bumerangs in der Luft halten?

Langzeitflieger

VOM ÜBERHOLEN ZUM ÜBERRUNDEN

Überholen

Beim Überrunden sollten dein langsamster und dein schnellster Bumerang zusammen durch die Luft schwirren. Zuerst wirfst du deinen „Langzeitflieger" (er sollte wenigstens 10 bis 12 Sekunden Flugzeit aufweisen) und unmittelbar danach deine „Rakete" (Flugzeit: max. 5 Sekunden). Wenn du alles richtig gemacht hast, müßte dein schneller Bumerang den anderen überholen und zuerst bei dir eintreffen. Unmittelbar darauf fängst du den anderen.

Spielidee:
Wieviele Überholmanöver gelingen dir nacheinander?

Überrunden

Wenn du glücklicher Besitzer eines Bumerangs bist, der über 15 Sekunden in der Luft bleibt, dann könnte es dir gelingen, deinen Langzeitflieger mit deinem schnellen Bumerang zu überrunden. D.h., du mußt deinen schnellen Bumerang mindestens zweimal werfen und fangen, bevor du den Langzeitflieger fängst.

Spielidee:
Wie oft kannst du deinen schnellen Bumerang werfen und fangen, bevor dein „Langzeitflieger" wieder bei dir eintrifft?

Die Bumerangsportler sprechen vom „Super Catch", wenn sie ihren schnellen Bumerang in der Zwischenzeit 5x werfen und fangen. Der Fang des Langzeitfliegers als krönender Abschluß ist natürlich selbstverständlich. Die ganz speziellen Langzeitflieger (Flugzeiten zwischen 20 und 40 Sekunden sind bei guten Bedingungen zu erreichen) sind meines Wissens noch nicht im Handel, da ihre Handhabung relativ schwierig ist.

TELLWURF

Der Tellwurf gelangte bei den deutschen Bumerangwerfern durch Thomas Hartmann in den Blickpunkt, als sich dieser in einer Fernsehshow mit seinem Bumerang einen Apfel vom Kopf warf. Ich habe Thomas bei diesem Wurf 1989 im Schauprogramm der Deutschen Bumerangmeisterschaften zuschauen können. Auch bei idealem Wetter gehört neben einer Menge Übung auch eine gehörige Portion Mut dazu.

Welche Bumerangs sind geeignet?

Für diesen nicht ganz ungefährlichen Kunstwurf benötigst du einen äußerst zuverlässigen Bumerang. Dieser sollte im letzten Viertel seines Rückkehrfluges nur noch einen gemäßigten Vortrieb aufweisen (dosierte Wurfkraft). Zudem sollte der Bumerang gleichmäßig an Höhe verlieren. Eine ellipsoide Flugbahn hat gegenüber einer Kreisbahn den Vorteil, daß der Bumerang im letzten Teil des Fluges verhältnismäßig geradlinig fliegt und daher besser zu berechnen ist.

Was ist zu beachten?

Wenn du diesen Kunstwurf einstudieren möchtest, solltest du als erstes deine Ausrüstung um einen brauchbaren Gesichtsschutz erweitern. Ein Sturzhelm mit ausreichendem Augenschutz und/oder eine bruchsichere Brille sollten bei den ersten Würfen deinen Kopf schützen. Du mußt dir zudem eine Auflagefläche für den Apfel basteln, damit dieser nicht schon bei der Abwurfbewegung von deinem Kopf purzelt. Das würde sonst vermutlich unerwünschte Heiterkeit beim Publikum auslösen. Zugleich bist du etwas beweglicher, wenn dein Bumerang auf dich zufliegt. Ein Schritt nach rechts oder links muß ebenso möglich sein wie ein spontaner Zehenspitzenstand oder ein plötzliches Nachgeben in den Kniegelenken. Bei den Vorführungen solltest du etliche Probewürfe ohne Helm/Apfel machen. Erst wenn du sicher bist, daß du bei den letzten Würfen auch den Apfel getroffen hättest, solltest du unverzüglich deine Ausrüstung vervollständigen. Der Trick verlangt also nicht nur einen supergenauen Wurf, sondern er setzt auch gutes Antizipationsvermögen voraus.

Also: Wenn der Bumerang nicht dorthin fliegt, wo du mit dem Apfel stehst, mußt du blitzschnell dort stehen, wohin der Bumerang fliegt! Ist eigentlich doch ganz einfach!?

Zwischen Tell und Suizid

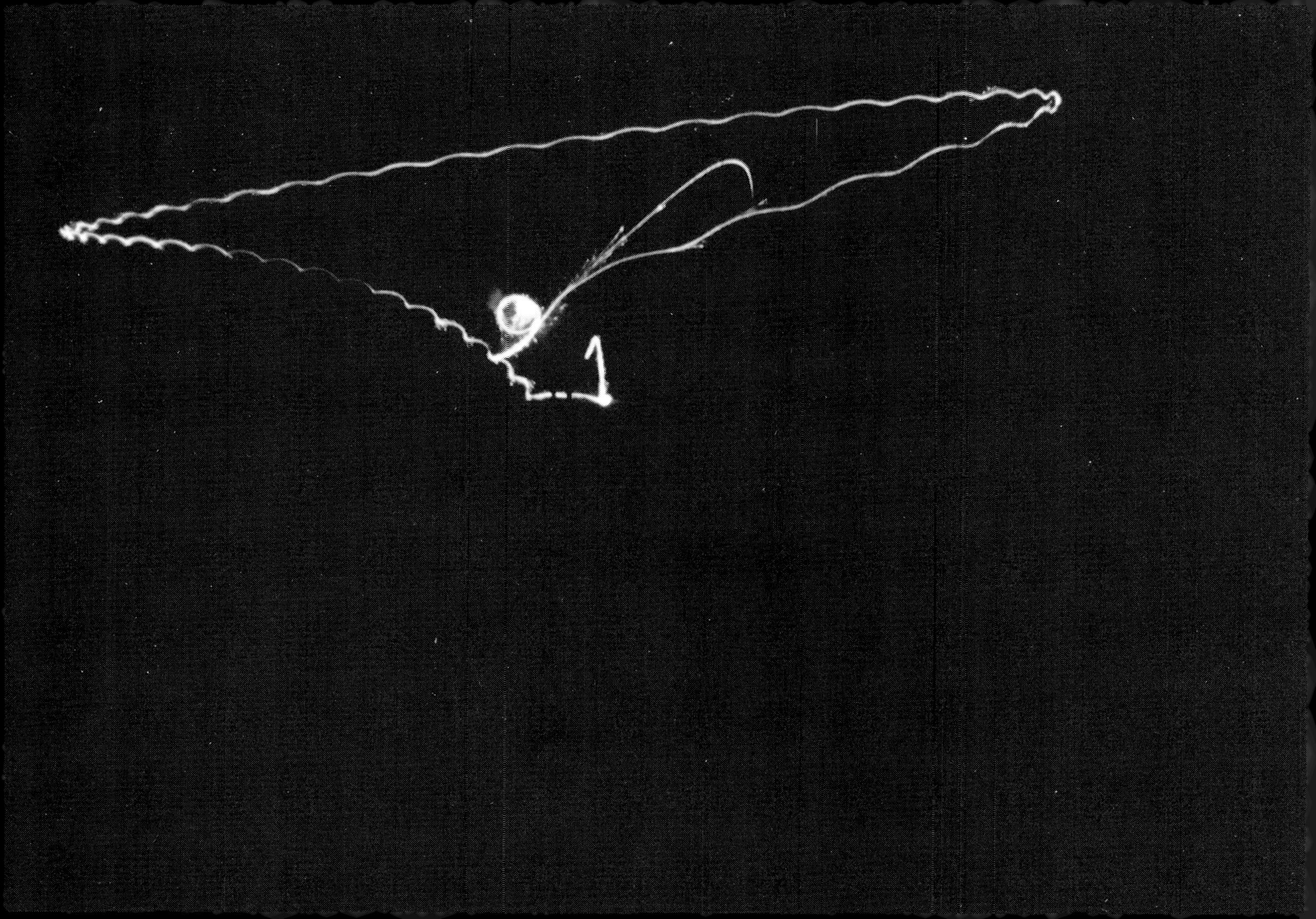
1

LEUCHTSPURWÜRFE

Hinter diesem Wort verbirgt sich eine besonders eindrucksvolle Art des Bumerangwerfens: Das Werfen bei Nacht. Damit ist nicht etwa das Werfen auf einem durch Flutlicht erhellten Sportplatz gemeint. Hier geht es um das Werfen beleuchteter oder selbstleuchtender Bumerangs, und zwar am besten bei stockfinsterer Nacht auf einer Wiese fernab jeder Großstadtbeleuchtung.

Wie können wir nun Bumerangs bei Nacht sichtbar machen? Mir sind folgende vier Möglichkeiten geläufig:

Das Anbringen von Wunderkerzen („offene Flamme")

Diese Variante ist aufgrund des „Sprühlichteffekts" besonders beeindruckend. Nachteilig ist jedoch, daß die vergleichsweise langen Wunderkerzen die Rotation des Bumerangs erheblich behindern können. Du solltest also Bumerangs ausprobieren, die sehr gute Rotationseigenschaften haben und vom Design her auch mögliche Brandspuren vertragen. Zudem kann es dir bei unsanften Landungen passieren, daß die Wunderkerze erlischt. Deshalb solltest du auf jeden Fall eine Taschenlampe dabei haben, damit du deinen Bumerang wiederfindest und nicht am nächsten Morgen auf die Suche gehen mußt.

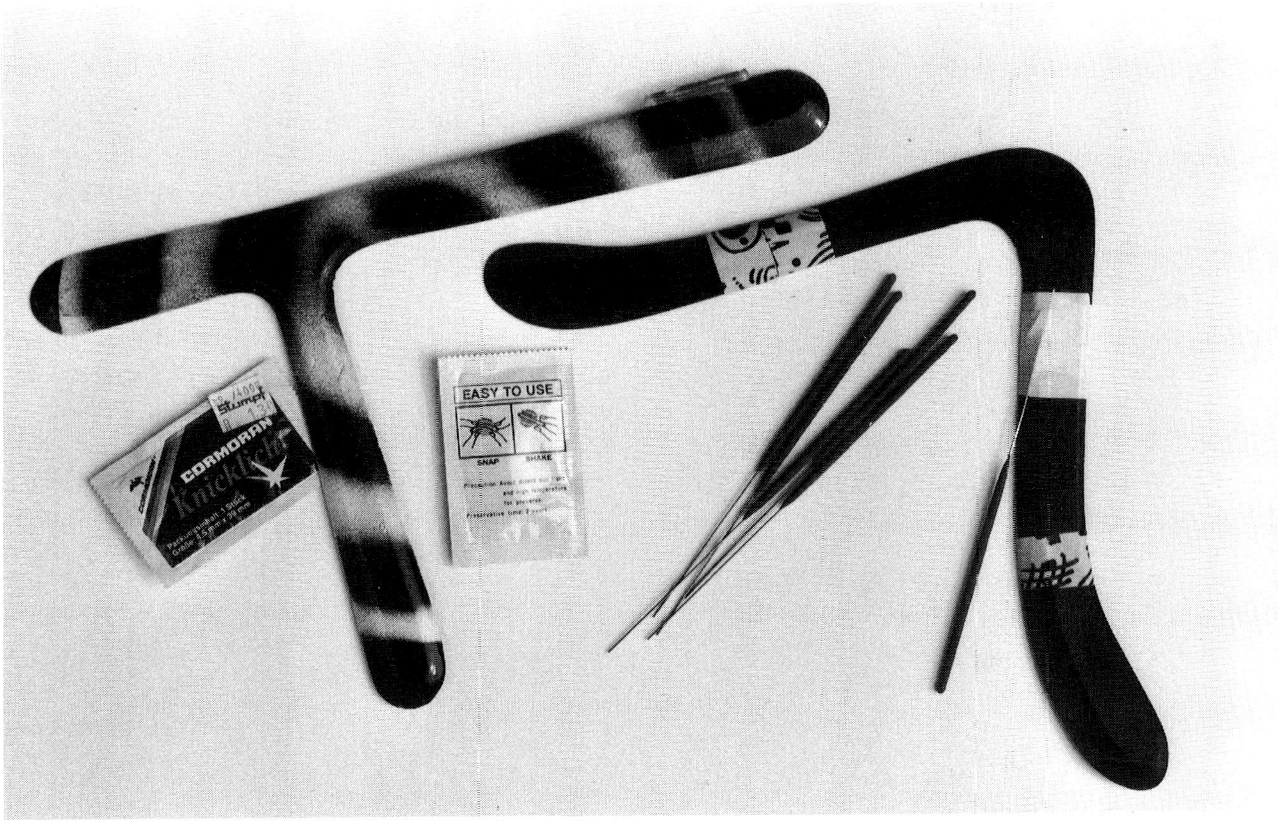

Leuchtmittel

Das Anbringen von Knicklichtern („chemische Keule")

Knicklichter finden beim Angeln Verwendung und können in entsprechenden Fachgeschäften gekauft werden. Sie bestehen aus einer länglichen Plastikkapsel, in der zwei flüssige Chemikalien getrennt voneinander enthalten sind. Durch das Knicken der Kapsel vermengen sich die Flüssigkeiten zu einem kräftig grüngelb leuchtenden Gemisch, das seine Leuchtkraft je nach Hersteller zwischen vier und zehn Stunden lang speichern kann. Die lange Leuchtdauer in Verbindung mit dem akzeptablen Preis von ca. 1,- bis 3,- DM pro Stück (je nach Größe) machen die Knicklichter für Bumerangwerfer attraktiv.

Du solltest sie mit durchsichtigem Tesaband so am Bumerang befestigen, daß sie von beiden Seiten sichtbar sind (z.B. an der Stirnkante). Falls dein Bumerang einmal abstürzt, findest du ihn leichter wieder. Eine zweite, dauerhafte Lösung ist das Anbringen von passenden Schlitzen im Bumerangflügel.

Die Knicklichter halte ich persönlich für die attraktivste bzw. am besten handhabbare Methode, um Bumerangs zu beleuchten. Zudem beeinflussen sie die Flugbahn kaum. Unschöne Begleiterscheinung ist allerdings, daß über die Chemikalien nichts auf den Verpackungen steht. Statt im Giftmüll, wo sie möglicherweise hingehören, landen sie so im nächsten Papierkorb.

Bei beiden Beleuchtungsmöglichkeiten können die Leuchtmittel problemlos an verschiedenen Stellen des Bumerangs angebracht werden. Bringst du dein Knicklicht bzw. deine Wunderkerze in der Nähe des Drehpunktes an, wird die Leuchtspur recht gradlinig verlaufen, befestigst du das Leuchtmittel am Flügelende, wird die Leuchtspur kleine Spiralen in den Nachthimmel zeichnen.

Die Montage von Knopfzellen und Leuchtdioden („kompakte Elektrotechnik")

Diese Art der Beleuchtung kommt vermutlich nur für Hobbyelektroniker in Frage, die sich gern mit Basteleien im Mikrobereich beschäftigen. Am Rande von Bumerangwettkämpfen habe ich schon beeindruckende Langzeitflieger gesehen, an denen kleine Lämpchen in den unterschiedlichsten Farben leuchteten und zum Teil sogar blinkten. Bei einem unsanften Absturz kann es allerdings passieren, daß die Beleuchtungsanlage ausfällt. Eine weitere interessante Möglichkeit ist der (zusätzliche) Einbau eines Summers, der das Herannahen des Bumerangs ankündigt, falls der stolze Besitzer ihn kurzfristig aus den Augen verloren haben sollte.

Bumerangs aus fluoreszierendem Material (starke Lichtquelle notwendig)

Wenn du über einen solchen Bumerang verfügen möchtest, solltest du dich im Fachhandel umhören. Ich besitze zwei tri-Fly-Bumerangs „glow in the dark" von Eric Darnell, die in den USA hergestellt werden. Sie kosten in Deutschland etwa 25,- DM. Von Vorteil ist, daß der großflächig leuchtende Bumerang gut sichtbar und zudem ungestört von angeklebten Leuchtkörpern seine Runden drehen kann. Dafür erlischt jedoch die Leuchtkraft selbst nach dem Anblitzen mit einem starken Blitzgerät sehr schnell (nach 1 Minute um etwa 50 %).

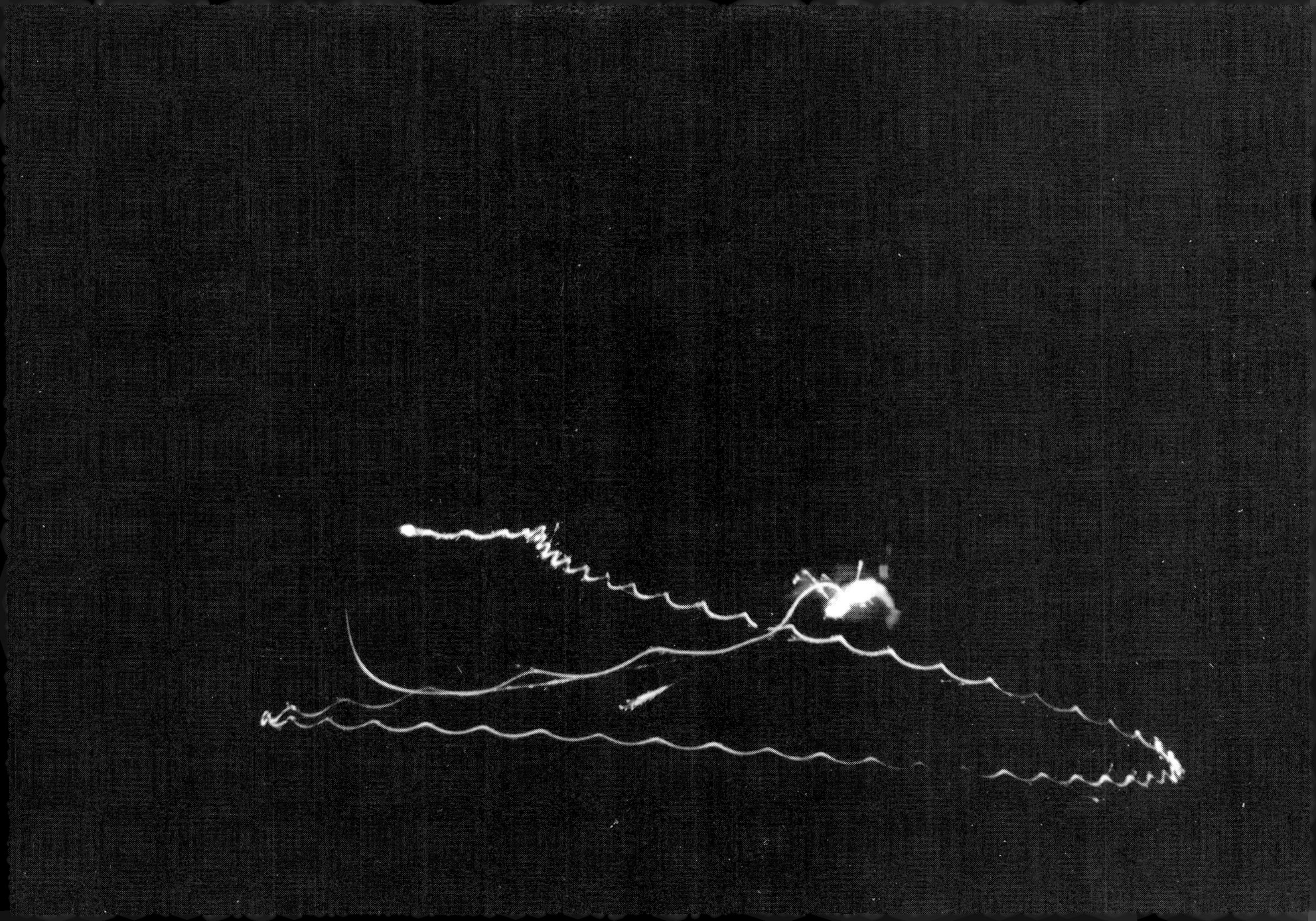

Welche Bumerangs sind geeignet?

Wenn du keinen selbstleuchtenden Bumerang besitzt, solltest du ein Gerät auswählen, das eine auffallend hohe Rotationsgeschwindigkeit hat. In diesem Fall wirkt sich die Montage der Beleuchtungen nicht so gravierend auf die Rückkehreigenschaft aus. Zudem erzeugt eine hohe Umdrehungszahl ein besonders gut sichtbares Lichtband. Wenn der Bumerang zusätzlich noch eine lange Flugzeit hat, wirst du von deinem Nachtflieger beeindruckt sein.

Was ist zu beachten?

Nachtwerfen macht eigentlich nur zu mehreren richtig Spaß. Trotz oder gerade wegen der Dunkelheit müssen die Sicherheitsregeln genau eingehalten werden. Am besten ihr bleibt dicht zusammen und verständigt euch fortlaufend durch Zurufen. Wenn ihr Bumerangs wiederholen müßt, haltet sie so, daß ihr als „laufende Lichtpunkte" sichtbar seid. Ansonsten werdet ihr darüber erstaunt sein, wie schwer es ist, auch gut beleuchtete Bumerangs im Dunkeln zu fangen, da die räumliche Wahrnehmung bei Dunkelheit stark eingeschränkt ist.

Hinweis: Solltest du am nächsten Tag im Lokalteil deines Heimatblättchens die folgende Meldung finden, so ist das kein Grund zur Beunruhigung:

UFO's über Jöllenbeck
Mehrere Einwohner berichteten gestern Abend am Telefon unabhängig voneinander, daß sie in den späten Abendstunden wiederholt leuchtende Flugobjekte ...

Viele Formen, ein Name

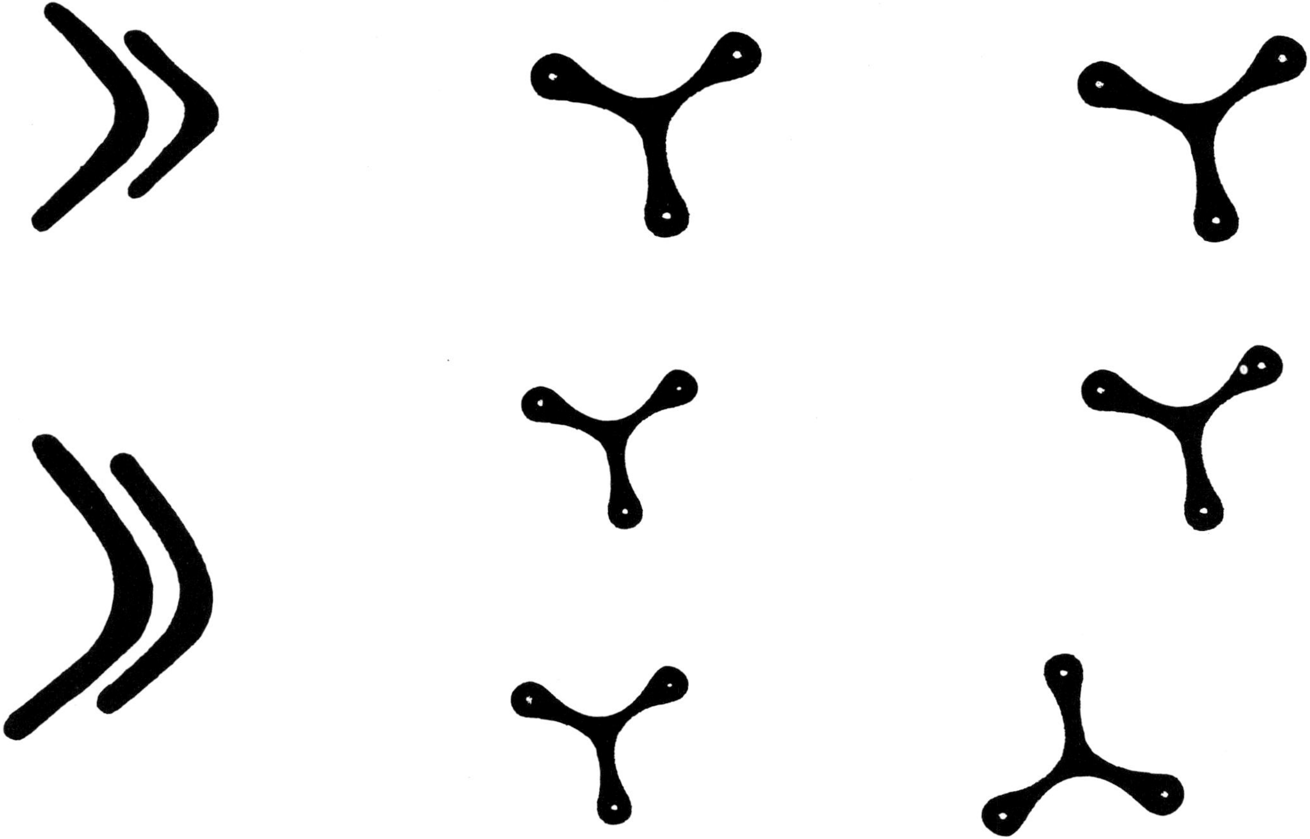

Nachwort

Du bist in den letzten Wochen mehrmals nach dem Bumerangwerfen viel später nach Hause gekommen als geplant?

Dann sind die ersten Krankheitssymptome (z.B. das „Nur noch einen Wurf"-Symptom) eindeutig identifizierbar: Das Bumerangfieber hat dich gepackt. Diese schwerwiegende und häufig langanhaltende Krankheit wird sich in der nächsten Zeit unaufhaltsam ausbreiten. Sie wird u.a. deinen Geldbeutel angreifen (neue Bumerangs, Literatur, Baumaterialien, Werkzeuge u.v.m.) und sich großer Teile deiner Freizeit bemächtigen (du kannst ja sogar nachts...). Das Schlimmste am Bumerangfieber ist jedoch: Du fühlst dich unheimlich gut dabei!

Da können die Nachbarn ruhig lästern, wenn sie dich im Garten bei den Sägearbeiten zu deinem dreiundneunzigsten Bumerang belächeln – du schwebst schnell rotierend im siebten Bumeranghimmel. Sollte sich das Fieber jedoch schon bald zur chronischen Sucht ausbreiten, brauchst du entsprechende Medikamente, damit kein Unwohlsein eintritt. Ich hoffe die folgenden Rezepte helfen dir weiter!

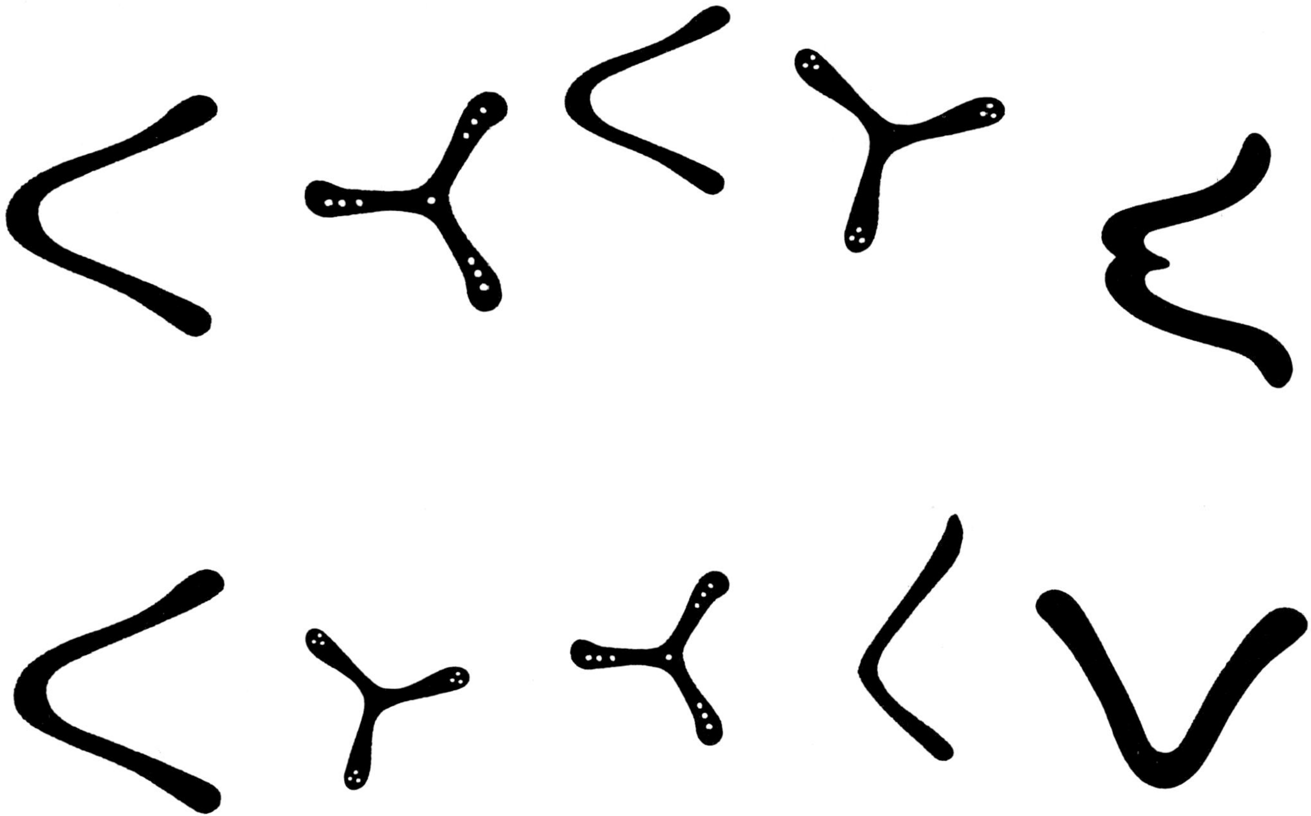

Literatur/Adressen/Zubehör

Die Literaturauswahl zum Thema Bumerang ist vielfältiger, als du vielleicht denkst. Leider sind viele Bücher und Aufsätze nur schwer zugänglich, da sie entweder vergriffen sind und wegen geringer Nachfrage nicht neu aufgelegt werden oder weil die entsprechenden Zeitschriften nur schwierig zu erhalten sind.

Ich möchte meine Angaben hier auf wenige, aber bedeutende deutschsprachige Veröffentlichungen beschränken. Weitere Literaturhinweise findest du jeweils in den aufgeführten Büchern. Die Literatur ist nach Themenschwerpunkten geordnet.

Woher kommt der Bumerang?

(Schwerpunkt Gesellschaftswissenschaften)

LENOCH, Johannes E.J.: Wurfholz und Bumerang. Dissertation. Wien 1949 (Fernleihe)

PETER, Hanns: Wesen und Bedeutung des Bumerangs. Wien 1986 (Fernleihe)

SCHLATTER, Gerhard: Bumerang und Schwirrholz. Berlin 1985

WILPERT, Clara (Hrsg): Der Flug des Bumerang. Hamburg 1987

Die letzten drei Veröffentlichungen beziehen sich speziell auf Australien.

Wie erklärt sich der Rückkehrflug des Bumerangs?

(Schwerpunkt Physik)

HESS, Felix: Boomerangs – Aerodynamics and motion. Dissertation. Groningen 1975 (engl.)

WEBER, Klaus: Der Bumerang – Ein Rotationsflugkörper. Frankfurt/M. 1977

Wie baut und wirft man Bumerangs?
(Schwerpunkte Arbeitslehre/Technik und Sport)

AEPLI, Beat: Bumerang. Zell (Schweiz) 1988
HARTMANN, Thomas: Bumerangs. Wiesbaden 1990

Eine Vielzahl von interessanten Bauplänen findest du in folgenden Schriften:

GORNY, W. J. SCHLEGEL: Die Baumappe. Hamburg 1990
GORNY, W. J. SCHLEGEL: Die Baumappe 2. Selbstverlag 1993
SIEMS, Michael: Die Bumerang-Mappe. Selbstverlag Weinheim 1987

Bumerangwissen im Überblick

BRETFELD, Wilhelm: Das Bumerang-Buch. Frankfurt/M. 1992

Deutsche Bumerangzeitschriften:

DIE BUMERANG WELT. Das Jahresabonnement dieser sehr informativen Vierteljahreszeitschrift kostet inkl. Porto z.Zt. 22,- DM. Ein Probeexemplar kann angefordert werden beim Bumerang Verlag, Wilhelm Bretfeld, Postfach 3230, 22825 Norderstedt

INFO. Vierteljahreszeitschrift des Deutschen Bumerang Clubs (DBC). Informationen bekommst du über Uli Lessel, Keltenstr.52, 67071 Ludwigshafen

Wettkämpfe, Regelwerke, Werfertreffen
Informationen über Wettkämpfe, über das Regelwerk des DBC, über regelmäßige Werfertreffen (z.Zt. in Bielefeld, Gießen, Neuss, Saarbrücken, Stuttgart) u.a. erhältst du beim DBC (s.o.).

Baumaterialien

Das beliebte finnische Birkensperrholz bekommst du leider nur in wenigen Baumärkten und Fachgeschäften zu akzeptablen Preisen bzw. in brauchbaren Zuschnitten. Preislisten schicken dir auf Anforderung u.a. folgende Händler:

- Jens Buhmann, Birkenring 11, 21465 Reinbek
- Adolf Fette, Porgesring 15, 22113 Hamburg
- Firma Herdegen, Bröckerweg 66, 49082 Osnabrück

Zum Autor

Ulli Wegner ist z.Zt. als Studienrat im Hochschuldienst an der Universität Bielefeld, Abtlg. Sportwissenschaft, tätig. Er leitete jahrelang Schülerarbeitsgemeinschaften und Projektgruppen in verschiedenen Schulen und Schulformen zum Thema „Bumerangs bauen und werfen". Den Bumerangsport führte er als ausbildungs- und prüfungsrelevante Sportart in der Sportlehrerausbildung ein. Seit Jahren gibt er seine Erfahrungen in Workshops und Lehrerfortbildungen weiter. Seit 1994 ist er Vorsitzender des Deutschen Bumerang Club.

Post an den Autor Ulli Wegner leitet der Verlag weiter.

Allerherzlichsten Dank

- an Gaby, die meine Arbeit nicht nur zeichnerisch unterstützt hat;
- an Jana & Nele, die wochenlang auf gemeinsame Spiele verzichtet haben;
- an Sascha, der jedesmal willig vor der Kamera wartete, bis die Sonne wieder hinter den Wolken hervorkam;
- an Klaus, den ich nach etlichen Bieren noch zu Nachtaufnahmen in den Nordpark locken konnte und an alle Freundinnen und Freunde, die das Buch mit Rat und Tat unterstützt haben.
-

Ulli Wegner, Fangen mit den Füßen

DAS BOOT IST VOLL. NICHT WEIL ZUVIELE MEN-SCHEN AN BORD SIND, SONDERN WEIL EINIGE VON IHNEN ZUVIEL WIEGEN!

Übermäßiger Konsum und bittere Armut zerstören unsere Lebensgrundlagen. Die Frage, die wir uns stellen müssen, lautet deshalb: "Wieviel ist genug?". Schicke uns diese Anzeige und Du erhälst unser "**Naturschutzpaket**" inkl. **Konsum-Broschüre** und Aktionstips. Bitte lege sechs DM in Briefmarken (für Rückporto und Kosten) dazu.

Naturschutzjugend, Königsträßle 74, 70597 Stuttgart

Füllanzeige

Jonglieren — Spiel mit der Schwerkraft
104 Seiten, Paperback, mit 99 Abbildungen,
DM 16,80
ISBN 3-924690-11-1

Aus dem Inhalt:

Geschichte des Jonglierens — Der Jongleur zu Pferde — Die Kraftjongleure — Gentlemen — Comedy — Restaurantjongleure — Ein-Ball-Übungen — Zwei-Ball-Übungen — Drei-Ball-Übungen — Überflieger — X-Trick — Dopser — Zieher — Wurftricks und Fangtricks — Kombinationen — Partnerübungen — Die europäische Jonglierszene, Materialien — Adressen

Edition Aragon – Verlagsgesellschaft mbH
Neumarkt 7-9, 47441 Moers FAX 02841-24336

Die Buchreihe für Jongleure und Akrobaten. Bestellbar im Buchhandel, Jonglierhandel oder direkt beim Verlag

Bockamp/Urbanski: Bauchreden	DM 16,80
Riedelsheimer: Ledermasken	DM 16,80
Wegner: Bumerang	DM 16,80
Todd Strong: Diabolo für Fortgeschrittene	DM 16,80
Todd Strong: Diabolo spielend lernen	DM 16,80
Ewert u.a.: Modellierballons	DM 16,80
B. Bardell: Circus mit Kindern	DM 16,80
M. Fritz: Jonglieren, Spiel mit der Schwerkraft	DM 16,80
Todd Stong: Devil Stick	DM 16,80
Dinklage/Bardell: Die Kunst des Einradfahrens	DM 16,80
W. Nold: Das Spiel der Masken	DM 16,80
R. Urbanski: Maskenbau	DM 16,80
Cherubim: Handpuppen	DM 16,80
Melcer-Lukács u.a.: Akrobatisches Theater	DM 16,80
Hans-Jürgen Zwiefka: Pantomime	DM 16,80
J. Hertel: Trapezakrobatik mit Kindern	DM 16,80
Jonglier Kalender 1995	DM 12,80
Mani Paech: Das Keulenbuch	DM 24,80
K.H. Ziethen: Das Jongleur Postkartenbuch	DM 12,80
Todd Strong: Diabolo Postcards	DM 12,80

Dirk Güllemann

Varanstaltungsrecht,
Vertrags- und Haftungsfragen

ISBN 3-924690-79-0, 94 Seiten, Paperback
edition aragon DM 26,80

Die Rechtsprobleme des Veranstaltungswesens (Festivals, Hallenkonzerte usw.) sind in Wissenschaft und Praxis noch wenig erschlossen. Professor Dr. Dirk Güllemann wendet sich mit dem Buch an alle, die berufsmäßig mit der Organisation von Veranstaltungen zu tun haben, wie Mitarbeiter von Kultur- und Jugendämtern, Rundfunkanstalten, Leiter von Hallenbetrieben, an Konzert und Kongreßagenturen, Künstlermanager, Darsteller und Veranstaltungsteilnehmer. Zielgruppe sind auch Juristen in Wissenschaft und Praxis.

edition aragon – neumarkt 7–9 – 47441 moers